2012 Guangzhou Summit Forum　2012广州论坛

问策城市发展

——2012广州论坛演讲集

主　编

甘　新

副主编

曾伟玉　陈春声

2013年·北京

图书在版编目(CIP)数据

问策城市发展:2012广州论坛演讲集/甘新主编.—北京:商务印书馆,2013
ISBN 978-7-100-09976-9

Ⅰ.①问… Ⅱ.①甘… Ⅲ.①城市化—发展—广州市—文集 Ⅳ.①F299.276.51-53

中国版本图书馆CIP数据核字(2013)第112135号

所有权利保留。
未经许可,不得以任何方式使用。

问策城市发展
——2012广州论坛演讲集
甘新 主编

商 务 印 书 馆 出 版
(北京王府井大街36号 邮政编码100710)
商 务 印 书 馆 发 行
北京瑞古冠中印刷厂印刷
ISBN 978-7-100-09976-9

2013年6月第1版　　　　开本787×1092　1/16
2013年6月北京第1次印刷　印张16¾　插页2
定价:39.80元

贺　信

欣闻"2010广州论坛·广州建设世界文化名城高峰论坛"隆重举行，我谨代表中共广东省委、广东省人民政府表示热烈的祝贺！向参加论坛的嘉宾致以诚挚的问候！

城市是人类智慧的结晶，而文化是一座城市的灵魂。当前，广州正在以建设国际商贸中心和世界文化名城为载体，全力推进国家中心城市建设。广州亚运会和亚残运会的成功举办，更是向全世界展示了一个全新的广州，也向全世界展现了广州岭南文化的深厚底蕴和独特魅力。站在新的发展起点上，广州要深入贯彻落实科学发展观，加快转变经济发展方式，继续解放思想，坚持改革开放，以更加宽广的胸怀、更加开阔的视野，广纳全球之智，广揽天下之才，将全人类的先进理念和先进知识融入城市的发展之中，优化城市发展环境，丰富城市文化内涵，提升城市核心竞争力，加快推进国家中心城市建设。希望广州论坛成为一个专家、学者、艺术家济济一堂，交流探讨城市建设发展先进理念和知识的平台，为促进广东、广州的科学发展和文化建设积极建言献策。

祝"2010广州论坛·广州建设世界文化名城高峰论坛"圆满成功！祝广州论坛越办越好！祝与会嘉宾身体健康、工作顺利！

中共中央政治局委员

广东省委书记

汪洋

2010年12月

序
城市的文化使命

张岂之

无论在中国还是在世界，城市都被视作文明的重要象征。我们回顾人类不同时期不同地域的文明，都会把观察视野聚焦到这个文明所建构的城市上来。因为，人类从认识自然到学会改造和利用自然，其成就高低往往可以直观地体现为城市的规模和水平。

今天，城市依旧是人类文明的重要载体。与西方发达国家的高度城市化不同，当今中国，城市化大潮方兴未艾。人们为什么要从农村涌向城市？因为最新的技术、最新的思想、最新的生活方式，一般都首先在城市出现，在城市滥觞，进而形成一种吸引人、培养人、陶冶人的氛围。构成城市对人的这种天然吸引力的核心元素，我想就是文化。

因为城市与文化如此不可分割，城市就应更加自觉地肩负起自身的文化使命。这个使命，一是指文化的传承，二是指文化的创新。正如十八大报告所强调的，一方面要"建设优秀传统文化传承体系，弘扬中华优秀传统文化"，一方面要"增强全民族文化创造活力"。实践证明，一个城市越善于文化传承，就越有魅力；越善于文化创新，就越有活力，越有发展动力。毋庸讳言，文化的这两个任务，仍旧是当今我国城市发展普遍存在的短板。我们的城市给人们总体印象是，热衷于追求规模和外表，缺乏对文化内涵的挖掘和表达，城市面貌千城一面。很多城市在呼唤文化中破坏着文化，在保持个性中丧失着个性。

值得欣慰的是，在众多飞速发展的中国城市里面，位居岭南、毗邻港澳，率先改革发展，也最先遇到"成长中的烦恼"与"成功后的困惑"的广州，是率先自省的一个。城市是什么？城市为谁而建？曾因亚运而声名远播的广州城，在世界的瞩目中更加清醒：人类理想的城市不是混凝土建筑和宽大马路的粗暴铺陈，更不是产业的简单集聚和环境资源的肆意攫取破坏。她是智慧的有机体，是人类诗意栖居的家园，是文化的传承者和创造者，她不但生产后工业化、信息化等现代文明，还富产多彩文化、美丽生态和幸福生活。

能够不断反思、调整城市的发展方式，这本身就是城市的一种文化自觉。具体到担负文化使命上，这种自觉则体现为对城市文化的有意培育，对文化活动、文化盛事的主动策划、大力支持和默默付出。创办于2002年的广州讲坛，是广州文化觉醒的一个具象。讲坛广邀知名学者走入学校、社区、工厂为市民朋友作学术报告，内容涵盖政治、历史、经济、文化等诸多方面。专家学者们的精辟见解与广州改革开放前沿地的火热实践相结合，思想的价值和文化的力量获得了彰显。亚运前夕，国务院《珠江三角洲改革发展规划纲要》把广州定位为国家中心城市，广州市开始在总结广州论坛经验的基础上，谋划搭建更加国际化的文化交流载体。2010年，广州市与中山大学共同创立广州论坛，这是一个肩负思想瞭望、理论引领，推动广州人文日新的国际学术平台。截至目前，广州论坛已经举办三届，主题分别是"培育世界文化名城"、"广州与世界"、"新型城市化发展"，这都是当前中国城市特别是广州发展遭遇的重大课题。论坛以战略眼光、全球视野、人文情怀，邀集海内外知名人士、学者、艺术和文化名家，掀起"头脑风暴"，拉开"思想宽银幕"，展现中华优秀传统文化和当代社会主义先进文化的基本元素，将全人类的先进理念和先进知识融入城市的发展之中，转化为推动城市更加适合人居的强大发展动力，推出了包括本书在内的一大批优秀学术成果，有的已经直接转化为加快城市转型发展的借鉴与决策。

广州论坛的成功受到了国家层面的关注。面向未来，广州论坛正在迎来新的提升。从2013年开始，国务院参事室、中国社会科学院将与广州市和中山大学一道共同主办论坛，论坛将永恒围绕城市发展主题展开，真正成为在世界背景下聚焦中国城市发展的思想盛宴。届时，广州论坛将完成从一个南方城市学术论坛到国家级学术交流平台的转换。

"天下难事必作于易，天下大事必作于细"。城市文化的培育需要时间，更需要精心和耐力。相信只要尊重学术规律，持之以恒，坚持开放姿态，坚持先进文化的前进方向，广揽天下之才、广纳全球之智，广州论坛一定能够成为代表中国学术和文化走向世界的精彩名片。

目　录

中共广东省委常委、广州市委书记万庆良致辞⋯⋯⋯⋯⋯001
中国社会科学院常务副院长王伟光致辞⋯⋯⋯⋯⋯004
国务院参事室副主任王卫民致辞⋯⋯⋯⋯⋯007

主题演讲

牛文元　广州新型城市化的战略思考⋯⋯⋯⋯⋯011
杜维明　人文精神与生态意识：
　　　　以天地万物为一体的情怀⋯⋯⋯⋯⋯024
魏后凯　面向城市型社会的新型城市化之路⋯⋯⋯⋯⋯029
郑永年　新型城市化与城市改革⋯⋯⋯⋯⋯035
汤　敏　广州如何率先走出半城市化？⋯⋯⋯⋯⋯040
胡　军　新型城市化背景下的城市产业结构优化⋯⋯⋯⋯⋯045
颜泽贤　文化自觉：新型城市化发展的内驱力⋯⋯⋯⋯⋯052

专题演讲一：城乡一体与生态城市建设

毛其智　我国城镇化进程中相关问题的讨论……063

王祥荣　全球气候变化与低碳城市生态规划响应……068

郭　俊　提高公民科学素质是新型城市化
　　　　发展的重要推动力……072

陈鸿宇　城乡一体发展与新型城市化……076

王　珺　城市结构调整与区域一体化……081

姚奕生　海珠生态城：新型城市化的创新实践……086

专题演讲二：创新发展与智慧城市建设

朱　敏　培育围绕智慧城市的创新创业体系
　　　　——中国产业转型升级的抓手……091

章熙春　深化协同创新，推进广州新型城市化建设……095

许跃生　建国家超算广州中心，促新型城市化发展……100

张振刚　建设智慧型城市，促进新型城市化发展……104

董小麟　建设创新城市应该强化四大创新力……111

谢学宁　广州建设智慧城市的实践和策略……116

李红卫　坚持创新发展之路，打造知识经济高地……123

专题演讲三：城市治理与幸福广州建设

韩冬雪　新型城市化要从管理向治理转变 131

蔡　禾　大城市社会管理
　　　　——从统治到治理 140

高定国　幸福广州建设：积极心理学 145

李江涛　城市治理中的民众参与 148

杨　秦　在新型城市化进程中提升
　　　　新生代异地务工人员的幸福感 151

专题演讲四：文化引领与世界文化名城培育

程焕文　历史文献传承与城市文化传播
　　　　——《广州大典》及其历史文化价值发掘 161

蒋述卓　以现代文化价值提升
　　　　广州城市文化的建设水平 172

蒋祖烜　创意城市建设随想 175

金元浦　国际化城市的评价指标 180

陆志强　文化转型与岭南文化 184

武延军　继承弘扬广府文化

　　　　　彰显广州世界文化名城的历史本色……191

仲伟合　广州国际化与文化名城建设……195

论坛总结

金元浦　全球建设国际化中心城市的新思路

　　　　　——建设国际化城市的条件、要素与指标……201

饶芃子　"海上丝绸之路"与广州文化名城建设……212

陈春声　从城乡连续体到城乡一体化……215

万庆良　坚持和创新新型城市化发展道路……224

附录一

郑德涛　广州与世界文化名城建设：

　　　　　历史、现状和未来……233

附录二

郑德涛　广州与世界：由历史而及未来

　　　　　——广州历史特质和建设世界文化名城的再思考……246

中共广东省委常委、广州市委书记万庆良致辞

尊敬的王伟光院长，尊敬的王卫民主任，尊敬的郑德涛书记，尊敬的许宁生校长，尊敬的各位领导、各位专家、各位来宾，同志们、朋友们，大家好！今天我们怀着十分激动和振奋的心情迎接来自海内外的知名专家，隆重举行2012广州论坛——新型城市化发展高峰论坛，在此我谨代表中共广州市委、广州市人民政府，向论坛的举办表示热烈祝贺，向与会的各位领导、各位专家、各位来宾表示诚挚欢迎。

"人民来到城市是为了生活，人民留在城市是为了更好地生活。"亚里士多德这句广为传颂的名言，道出了人们对城市美好生活的向往和追求。近代以来，城市化与工业化、信息化、现代化、国际化相互融合、相互促进，共同构成了人类文明发展的一幅生动图景。今天城市的发展给人民创造了便利的生活条件、积累了巨大的物质精神财富、提供了实现人生梦想的舞台，但也带来了人口膨胀、交通拥挤、环境污染、资源紧缺等一系列的严重困扰和挑战。实现城市和谐、包容、可持续发展，已经成为摆在各个城市面前的一个重大而紧迫的课题，考验着人类的智慧和能力，承载着我们的光荣和梦想、责任和担当、探索和追寻。广州作为具有2226年建城史的历史名城，见证了中国城市的变迁与发展，也浓缩了新中国城市蓬勃发展的辉

煌历程，这座城市一步步的文明脚印，从历史长河中一跃而出，在世人面前上演了一部精彩的城市发展纪录片。远在秦汉时期，广州就开始海外贸易，故有海上丝绸之路的美誉。唐宋时期，朝廷在广州创设市舶司，展现了一幅"城外蕃汉数万家"、"广州富庶天下闻"的繁荣景象。明清以来，广州是中国对外贸易第一港和全国主要的商品集散地。从1757年开始一口通商，长达近百年。1850年在世界城市经济十强中排名第四位。改革开放三十多年来，广州更以敢为人先、先行先试的改革者形象，成为城市改革发展的一面旗帜，成为中国走向世界、感知世界风云的南国明珠。

站在新的历史起点上，广州担负着建设国家中心城市的重大使命，怀抱着走向世界、努力迈向世界先进城市行列的远大理想。广州市第十次党代会科学分析广州发展的阶段性特征，瞄准世界先进城市坐标系，作出走新型城市化发展道路的重大决策部署，拉开了广州以科学发展观为统领，积极推动城市创新发展的新序幕。今年2月以来，我们在全市开展新型城市化发展学习、考察、调研活动，目的在于从全市上下提升思想天花板、找准工作坐标系、强化领导总开关，深入查摆制约科学发展的瓶颈问题，学习借鉴国内外先进城市的成功经验，积极搭建城市发展的制度框架，也就是找出一张路线图，从天花板到坐标系、到总开关，再到路线图，我们取得了一定的思想成果、理论成果和政策成果。

思想就是力量，智慧引领行动，思想的光辉、智慧的光芒在照亮人民精神世界的同时，也改造着我们生活的物质世界。广州新型城市化发展之路是一条从历史走向未来、从现实追逐理想的道路，是坚持以人为本、促进人的全面发展的文明进步之路，让思想与智慧的光芒照亮广州新型城市化发展道路，这是我们的必然选择。我们真诚希望各位专家学者发扬思想激情、点燃智慧之光，为广州发展把脉问诊、开方下药，为新型城市化发展支招指路、定位导航。我们有理由相信，在各位领导、各位专家、各位来宾高端智慧的激荡下，在海内外各界友好人士的大力支持下，在全市上下的共同努力下，广州一定能够走出一条独具特色的新型城市化发展道路。

最后预祝论坛圆满成功，祝愿各位领导、各位专家、各位来宾在广州度过最美好的时光、留下最难忘的记忆。

谢谢大家。

中国社会科学院常务副院长王伟光致辞

尊敬的庆良书记、建华市长、卫民主任、德涛书记、宁生校长，各位来宾、同志们、朋友们，很高兴作为主办单位参加2012广州论坛·新型城市化发展高峰论坛。

今天，我们相聚在生机盎然、鲜花盛开的南国羊城，以"广州新型城市化发展"为主题进行深入探讨。城市化是人类社会发展的必然需求，是一个国家工业化和现代化的重要标志。推动城市化和谐发展，是世界各国，特别是发展中国家经济增长、经济进步，改善民生的战略选择。广州市委市政府主动把握世界发展大势，在创新和转型中大胆探索新型城市化发展途径，十分必要，也很有现实意义。我谨代表中国社会科学院对论坛的召开表示热烈祝贺！向出席论坛的各位领导和专家学者表示诚挚的欢迎！

实现城市化是发展中国特色社会主义、实现中国现代化和中华民族伟大复兴的重要举措，实现城市化必须从中国实际出发，走中国特色社会主义城镇化发展道路，要以科学发展为主题、以转变经济发展方式为主线，以人为本、"两型"带动，新型城市化与新型工业化互为促进，城乡统筹，建立政府引导、市场主导的机制，坚持可持续集约发展，努力推进以城市群为主体形态的大中小城市和小城镇协调发展。中国特色社会主义的城镇化就是新型的城市化，是对传统城市化的一种扬弃、一种提升,是一条高效集约、区域统筹、普惠大众的城市化新路子。随着城市化浪潮的不断加快,新型城市化发展路子愈加成为当今世界城市化发展的潮流,愈加成为各国、各地区引领发展的有力举措。

广州濒临南海、毗邻港澳,历久不衰的港口贸易和海洋文明,赋予了广州人民最早开眼看世界、敢为天下先的文化特质。尤其是作为改革开放前沿,广州大胆先行先试、改革创新,把握世界产业结构调整的有利时机和合作发展的潮流,积极推行全方位对外开放战略,面向世界招商引资,大力拓展对外贸易,广泛开展交流合作,实现了经济增长、城市建设、社会事业的跨越式发展,取得了举世瞩目的成就。2010年广州市地区生产总值突破万亿元大关,此后,经济总量连续几年列北京、上海之后,位居国内大城市第三,充分彰显了广州作为改革开放和社会主义现代化建设排头兵的地位。2009年初,国务院颁布了《珠江三角洲地区改革发展规划纲要》,从国家战略和全局的高度,赋予了广州"增强高端要素集聚、科技创新、文化引领和综合服务功能"、"强化国家中心城市地位"的重大使命。广州市委市政府带领全市人民以科学发展为指导,坚持低碳经济、智慧城市、幸福生活的城市发展理念,以建设国际商贸中心和世界文化名城为战略重点,以深化改革、扩大开放为强大动力,以保障和改善民生为根本目的,充分发挥南沙新区、中新知识城、增城经济技术开发区先行先试的带头作用和广州亚运会、亚残运会的后续效应,加快推进转型升级,建设幸福广州,努力争当推动科学发展、促进社会和谐的排头兵。目前,广州低碳发展、智慧发展、统筹发展的举措取得了显著成就,广州的实践和经验也必将对全国经济的转型发展、对全国城镇化推进起到重要的引领和示范作用。

中央对中国社会科学院提出努力办成马克思主义坚强阵地、中国哲学社会科学最高研究机构、党和国家思想库智囊团的三个定位要求，为了实现中央三个定位要求，中国社会科学院不断加强与全国各地的交流与合作，同许多省、市建立了良好的合作关系。广州作为国家中心城市和珠三角核心城市，肩负着辐射带动、引领发展的重大使命。中国社会科学院愿意与广州市加强合作，致力于把广州建设成为面向世界、服务全国的现代化国际大都市。当前，广州正处在新型城市化发展的新阶段，中国社会科学院将充分发挥学科齐全、高端人才集中、综合研究能力强的优势，密切关注和深入研究广州经济社会发展的重大理论和现实问题，为广州各项事业科学发展、跨越发展、和谐发展提供有效的智力支持。我真诚希望，本次论坛能够成为双方相互交流、增进共识的重要平台，形成更多的有益成果，希望中国社会科学院和广州市的合作，既针对当前形势的需要，积极研究政策措施，也围绕长远发展的要求，深入研讨创新、转型的发展模式，为广州发展改革和中国经济的增长作出重要贡献。

最后，预祝论坛圆满成功！祝愿双方交流合作取得更加丰硕的成果！祝愿广州的明天更加美好！

谢谢大家！

国务院参事室副主任
王卫民致辞

尊敬的各位领导、各位嘉宾、各位朋友,大家上午好!很高兴参与主办广州论坛,很高兴和大家在这里共同探讨新型城市化这个重大课题。城市化是人类社会进步的标志,伴随着生产方式、生活方式的全面变革,伴随着社会结构的深刻转型,中国的城市化是未来中国发展的主要动力,也是今后世界经济增长的重要引擎。这次论坛以新型城市化为主题,事关全局和长远,意义重大。之所以提出新型城市化的命题,是因为当前城市化面临着一系列严峻的挑战,有很多重大问题需要深入研究:比如如何创新发展方式,尽快解决在很多地方出现的"城市病"问题;在社会结构变动之后,如何改革和创新城市的治理方式;在城市社会占主导的情况下,如何构建新型城乡关系,既解决城市的无序膨胀,又消除农村的空心化,促进农村的繁荣;大量的无根市民如何真正融入城市;在人口众多、土地短缺的国情下,大中小城市如何协调发展……这些问题,都需要我们深入研究。今天到会的都是各方面的专家学者,希望大家利用广州论坛这个很好的平台,充分发表真知灼见。

国务院参事室是国务院直属的咨询机构,现有61位国务院参事,都是在各个领域有着多年研究和实践经验、有较大影响的专家学者。近年来国务院参事围绕城市创新发展、大中小城市与小城镇协调发展、住房制度建设、城市地下管线管理、交通管理、垃圾处理等问题，广泛借鉴国际经验、深入实际调查研究，向国务院领导同志提出了一批有分量的意见和建议。今后国务院参事室将更加关注广州实现新型城市化的伟大实践，理论联系实际，深入调查研究，积极反映广州在新型城市化进程中遇到的困难和问题，及时总结广州创造的新鲜经验，为广州的科学发展鼓与呼，为推进我国城市化的进程作出新的更多贡献。祝愿广州市继续发扬敢想会干、争创一流的精神，给广州人民一个幸福宜居的家园，也为我国新型城市化发挥探路领航的作用。

最后预祝本次论坛圆满成功，谢谢大家。

主题演讲

广州新型城市化的战略思考

牛文元

国务院参事
中国科学院可持续发展战略组组长、首席科学家

诺贝尔经济奖获得者斯蒂格利茨认为，21世纪影响人类的两件大事，一是美国的高科技，一是中国的城市化。

推动国家和地区现代化进程要依靠两个车轮：一是工业化，一是城市化。众所周知，传统工业化已不可能支撑21世纪的发展，因此必须由"新型工业化"替代。与此相应，城市化如果依然是传统的城市化，两大车轮就产生了严重的不对称，因此"新型城市化"必然应运而生。

广州作为国家的中心城市，又是改革开放的排头兵，在新的历史机遇期中，如何走出一条成功的新型城市化之路，将为中国特色社会主义增添新的光彩，也将为中国其他地区乃至世

界新兴经济体突破发展难题创造出可供借鉴的经验。

广州新型城市化的战略意义

（一）**破解"增长停滞"的魔咒**　从亚当·斯密的经济学理论开始，人们一致认为"发展"到了一定阶段和程度后，增长的停滞是一种必然。广州自改革开放到2010年，GDP年平均增速为两位数，始终处于高增长阶段，从2011年增速开始下行。仔细分析日本、亚洲四小龙的历史教训，寻找新一轮经济增长的突破口，破解增长停滞魔咒的世界性难题，是广州实施新型城市化面临的重大课题。

（二）**跳出"中等收入陷阱"的怪圈**　"中等收入陷阱"是2006年世界银行《东亚经济发展报告》中提出的概念。当人均GDP达到中等水平后，由于不能顺利实现经济发展方式转变，导致持续增长乏力，引发心理恶化和矛盾激化，使得社会发展处于长期停滞状态。因此，广州通过城乡统筹、城际一体、区域协调的新型城市化道路，将会有效跳出"中等收入陷阱"的怪圈，成为破解又一世界性难题的重大举措。

（三）**寻找缓解新时期社会矛盾的钥匙**　传统城市化的发展以关注城市人口数量、城市发展规模、城市经济总量为主要特征，虽然取得了财富的快速积累，但同时也造成了越来越严重的社会对立。广州新型城市化的发展，将在共同富裕的基础上，缩小城乡之间、不同人群之间的收入差距，提供公平的民生待遇，实施公共服务均等化，有利于化解社会矛盾，实现社会和谐。

（四）**实现全域一体化的发展均衡** 广州新型城市化发展战略，将以区域为基底，协调城市和农村、城市和城市，逐步实现同城化、全域化的均衡发展。通过审慎的顶层设计，实现在整体发展概念下的基础设施、产业布局、生态环境、社会保障、公共服务和管理体制的一体化，引领更大区域的共同富裕与社会和谐。

（五）**体现"动力、质量、公平"三大发展元素的交集最大化** 广州新型城市化战略将全面关注城市创新发展的"动力表征"、城市绿色发展的"质量表征"、城乡机会平等的"公平表征"。在构成新型城市化的三大基础元素中，努力寻求"动力、质量、公平"的交集最大化，是新型城市化健康发展的战略基础。

广州新型城市化的战略价值

（一）**以新型城市化的"发展红利"抵消增长的边际效益递减** 广州作为中国改革开放的龙头，30多年来的发展经验，始终是全国各地借鉴的样板。在新的发展时期，有效克服边际效益递减的瓶颈，进入新一轮经济社会的高端成长，是走新型城市化道路的战略选择。

（二）**以新型城市化的"发展内涵"抵消贫富差异引起的心理落差** 新型城市化体现着城乡统筹、城际一体、区域协调的发展内涵，以社会公平共同富裕抵消由于贫富差异、城乡差异、区域差异所带来的心理落差和社会矛盾，是走新型城市化道路的战略要求。

（三）**以新型城市化的"发展方式"抵消粗放式生产的外**

部成本　新型城市化依托新型工业化和创新驱动,以达到智慧生产、资源节约、环境友好、绿色文明的总体实现,从而逐步并最终消除外部成本对于真实财富的侵蚀,是走新型城市化道路的战略选择。

（四）**以新型城市化的"制度创新",达到城市管理的公序良俗**　传统城市管理所带来的城市病,已成为全球城市尤其是大城市共同遭遇的现实。建立起一套城市良治的制度体系和管理体系,是走新型城市化道路的战略目标。

广州实施新型城市化的战略基点

（一）**实现城市在"自然、经济、社会"复杂系统运行中和谐高效**　从地理结构看,城际之间与城乡之间首先应当符合客观的空间充填原理,共同构成一个区域综合体,并在同一基础上相应发挥各自的功能。从产业结构看,城际之间与城乡之间符合产业升级原理,它们在产业链形成与产业集群布局上,既有外在的联系与制约,又有内在的分工与融合。从社会结构看,城际之间与城乡之间作为区域内的每一个社会成员,至少都应当获得作为"体面生活"标志的最低门槛,满足基本人权所赋予的"机会平等"。可以发现,只有城市在"自然、经济、社会"复杂系统运行中和谐高效,才能对于统筹城乡发展和城乡一体化的新型城市化有一个全面的认识。

（二）**维持城乡在数量梯度、质量梯度与心理梯度上动态平衡**　世界发展的历程表明,中国目前正好对应着人与自然关系和人与人关系的瓶颈约束期,表现为经济容易失调、社会容易失序、心理容易失衡、效率与公平需要调整和重建。一个稳定和谐的人文环境，是中国经济发展与社会稳定的前提，也是对执政合理性的最高认同。维持城乡发展在数量梯度、质量梯度与心理梯度上的动态平衡，可以有效克服现阶段表现出的贫富差异扩大、区域不平衡加剧、群体性事件频发、执政风险加大等现象。

（三）区域中达到城乡一体、城际一体、区域一体的最优制度设计　最优制度设计保障在城乡一体、城际一体与区域一体系统的内部结构中，各种自然生态因素、技术物理因素、经济增长因素、社会文化因素以及其他人文因素等，有效识别其等级性、共轭性、异质性、多样性。在城乡一体、城际一体与区域一体系统的外部结构中，通过双向之间物质流、能量流、信息流、人口流、资金流等的互相作用、互相影响、互相制约，去培育区域的自组织、自学习和自适应能力。

（四）寻求城市智能管理、社会良治、宜居幸福的最高水平　创新社会管理，智慧城市建设是城市良治发展、宜居幸福的基本保障。以民主法治、公平正义、诚信友爱、充满活力、安定有序为根本原则，审时度势地制定出合理、科学的管理制度，使经济更加繁荣，民主更加健全，科教更加进步，文化更加繁荣，社会更加和谐，人民生活更加幸福。随着经济的发展、城市规模的扩张、人口的膨胀，城市内部会出现不同程度的就业不足、贫富差距拉大、住房短缺、交通拥堵、能源短缺、环境污染和城市基本设施落后等问题。这些"城市病"严重影响城市生活质量。因此，要以制度创新克服"城市病"，以科学规划减少"城市病"，以精细管理医治"城市病"。

（五）提升城市的竞争力、知名度、国际性　新型城市化战略设计的着力点之一还在于通过产业升级、结构优化、技术创新以及环境优良、宜居幸福、理性文明、社会和谐等，全面提升区域的综合实力，在更广泛的领域中接受全球化国际竞争的挑战，成为国际权威组织（政、经、文、商）心目中的首选或主选。因此，必须更新观念，积极采取应对措施，迅速提升城市发展的国际竞争力、知名度、国际性。

广州新型城市化的战略内涵

与传统城市化单一强调以城市人口占总人口比例高低作为衡量尺度不同，新型城市化的战略内涵包括了"六个坚持"：

——坚持在区域一体、城乡一体基础上的创新发展、包容发展、可持续发展。

——坚持在信息时代中的智慧生产、智慧流通、智慧消费以及城市的智慧管理与智慧服务。

——坚持实现城市与农村的共同发展与和谐发展，统筹城乡人口、土地、资源、环境与绿色产业的全面协调，将现代工业化、现代农业化与新型城市化有机融合，突破三大产业界限，充分促进要素流动，共同分享全社会的发展红利。

——坚持实现城市内部、城乡之间、城际之间、区域之间的公共服务均等化，逐步达到减缓与解消社会的二元结构。

——坚持城市容量、城市效率、城市功能、城市管理的有机统一，突出城市灯塔效应、溢出效应、推挽效应的国际化与全球化。

——坚持城市物质文明、精神文明、政治文明、生态文明的全面建设，完整体现现代城市理性、有序、简约、安全、幸福、良治的内在精神。

广州新型城市化的十大战略工程

（一）**部署"世界语言无障碍"信息工程** 这是继互联网、云计算、大数据时代之后，人类长期向往的一项世界级工程。它充分应用高分辨声频技术，在超大容量、超高速度计算机支持下，综合语言、语感、语气的精准识别，形成独立体系的根服务器，应用通信讯道和传送模式，把世界重要语言的交流还原成如同与邻居交谈一样，从而继古代四大发明之后，中国对人类做出的又一大贡献，同时产生重大的经济效益。

（二）**开展网络条件下"创新社会管理"工程** 抓住网络普及的重大先机，应对从实体管理转向虚拟管理、从传统管理转向网络管理、从实时跟踪转向仿真模拟的历史性转折，在传速快、规模大、冲击力强的网络社会中，探索全新的社会行为识别、社会结构重组、社会管理创新。

（三）**实施先进的"农业生物反应器"工程** 为支持广州到 2050 年人均预期寿命达到 90 岁的目标，开展无公害、无添加剂、预装合理营养配比的生物反应器工程，将为现代农业向高端发展开辟一条全新的道路。

（四）**建设"三基四台两创建"现代城市工程** 为适应中国新型城市化的内在要求，希望广州成为"三基"——国家创新基地、国家设计基地、国家孵化基地；"四台"——国际最新发明展销平台、国际人力资源交流平台、国际风险投资平台、国际文化创意平台；"两创建"——创建智慧城市、创建世界品牌。

（五）**考虑"世界权威机构落户广州"工程** 广州市应当有计划地引进三到五家国际权威组织和有影响力的国际机构（包括政、经、文、商）落户广州。这既是扩大开放、交通万国的阵地，又是展示国家级中心城市实力的窗口。

（六）**引领绿色标准的新型节能环保产业集群** 发展绿色经济是大势所趋。在全球的可持续发展走向中，绿色产业发挥了重要的支撑作用，特别是由于新能源产业的持续快速发展，产业规模、产业结构、技术水平、市场化程度都得到了大幅度提升。节能环保产业抢占市场带动能力强、社会责任也大，具备广阔的发展空间，是促进消费、稳定出口的重要结合点。随着人民生活水平的提高，节能环保产业具有十分巨大的市场空间。

（七）**先期打造全球数字家电产业集群** 数字家电产业技术是集现代微电子技术、信息技术、精密机器加工技术和传感技术等科学理论于一身的高自动化技术。这一开拓性的技术在当今数字家电产业占有十分重要的地位，整个社会氛围将产生革命性的变化。

（八）**建立独特的智慧城市产业集群** 传感网、物联网、智慧城市、云计算、大数据被称为继计算机、互联网之后，世界信息产业的第三次浪潮。物联网在互联网的基础上，利用RFID等技术，构造"Internet of Things"。在这个网络中，物品（商品）彼此进行"交流"，实现自动识别和信息的互联与共享。

可以说,物联网描绘的是充满智能化的世界。物联网用途广泛,遍及智慧管理、智慧生产、智慧流通、智慧消费、智慧交通、工业监测、环境保护、社会安全等多个领域。专家预计,这一技术将会发展成为一个上万亿元规模的高科技市场,其产业要比互联网大 30 倍。

(九)构建中国特色文化创意产业基地 在全球能源与环境的双重压力之下,大力发展文化创意产业是世界经济发展的必然潮流。只有顺应这种潮流才能在转变经济增长方式、提高经济效益方面走在世界前列,只有抢占文化创意产业的制高点,充分利用后发优势,才能在激烈的国际竞争中立于不败之地,从而推动广州市社会经济的持续、快速、健康发展。

(十)创建世界首家知识市场 知识市场是一种新兴的技术创新组织结构,由于其完善的流程和优化的结构,有利于建立以之为中心的研究组织,增强研发组织执行力的施行,加速研发的进度,丰富研发的成果,创造更大的经济价值。以建设一个统一的、国际化的、信息畅通、服务内容完备、管理规范的,集专利、商标、著作权、标准于一体的知识综合交易市场为目标,整合周边城市的交易市场,形成以广州产权交易中心为枢纽的综合产权交易市场网络。

倾力打造广州为龙头的"岭南七星"战略联盟

以广州为龙头,建立包括深圳、东莞、珠海、惠州、佛山、中山的"岭南七星"高端城市联盟体(图一),在全国率先进入具有世界意义的"20 — 50 俱乐部",即人口数量达到 5000 万、

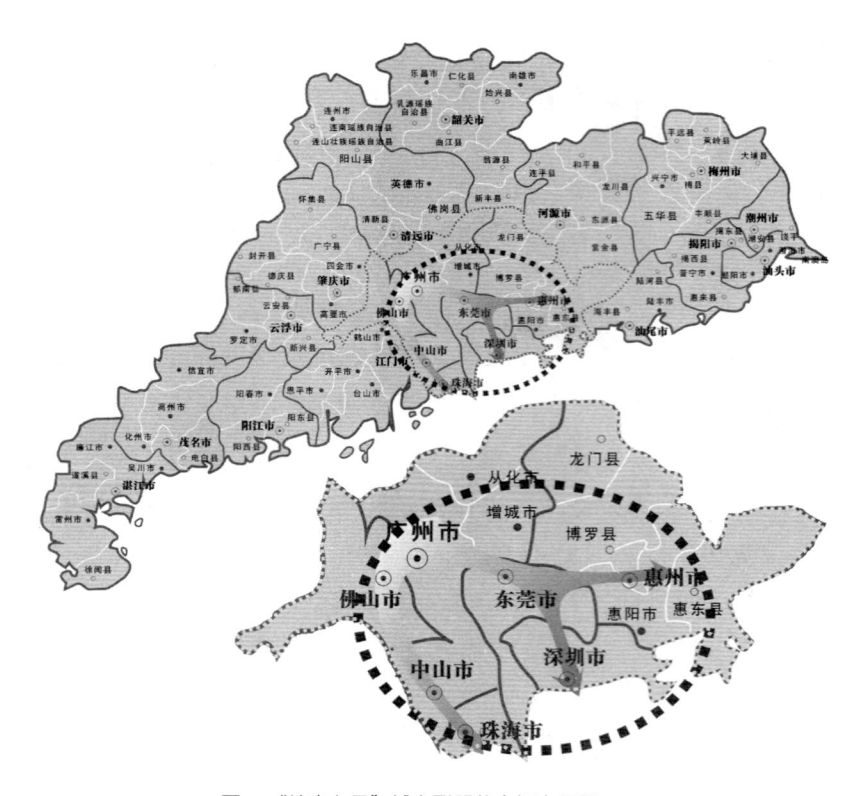

图一 "岭南七星"城市联盟体空间布局图

人均 GDP 达到 2 万美元的世界发达国家或地区的"临界门槛"。目前全球仅有七个国家符合这样的要求。

以广州为龙头的"岭南七星",面积 3.04 万平方公里,占整个珠江三角洲总面积 5.47 万平方公里的 55.5%,占中国陆地总面积的 0.32%;人口总量略超 5000 万,占整个珠江三角洲人口的 85.1%,占中国总人口的 3.56%,是一个具有代表性的经济板块。

以广州为龙头的组团式"岭南七星"城市联盟,只要在

表一 "岭南七星"进入 20-50 俱乐部的发展目标

年份	地区生产总值（万元）	人均地区生产总值（万美元）	预测地区生产总值增长率（%）
2011	40812.21	1.22	—
2012	45301.55	1.36	11
2013	50284.72	1.51	11
2014	55816.04	1.67	11
2015	61397.65	1.84	10
2016	67537.41	2.03	10
2017	73615.78	2.21	9
2018	80241.20	2.41	9
2019	87462.91	2.62	9
2020	95334.57	2.86	9

2011年基础上保持其后每年比10%稍高的平均增长率，到"十三五"开局之年，即2016年可以在全国率先进入世界级的"20-50俱乐部"（表一），成为亚洲乃至世界最具实力的发展区域。

广州新型城市化的战略实现

（一）**广州经济实现目标** 广州在过去的十年（2001-2010年）发展迅速，GDP的年平均增速为15.8%，人均GDP的平均增速为16.5%，2010年人均GDP接近2万美元。按照世界银行 2010 年国民收入标准（12276 美元以上为富裕国家和地区），广州已达到富裕地区的水平。根据广州经济发展的现状，设定 2011 — 2014 年广州人均 GDP 的增长率为年增长 11%，

表二　广州 GDP 发展目标

年份	GDP（亿元 RMB）	人均 GDP（美元）	增长率（%）
2010	10748.28	19695.80	—
2011	11930.59	21862.34	11
2012	13242.96	24267.20	11
2013	14699.68	26936.59	11
2014	16316.65	29899.61	11
2015	17948.32	32889.57	10
2016	19743.15	36178.53	10
2017	21520.03	39434.60	9
2018	23456.83	42983.71	9
2019	25567.95	46852.25	9
2020	27869.06	51068.95	9

到 2014 年人均 GDP 接近 3 万美元；设定 2017 — 2020 年广州人均 GDP 的增速为年平均 9%，到 2020 年广州的人均 GDP 将超过 5 万美元（表二）。

图二　广州 GDP 总量超越目标

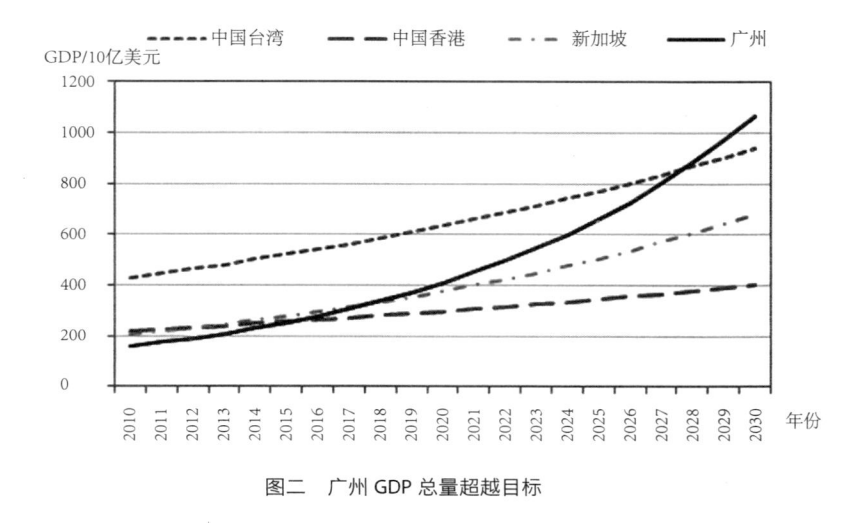

（二）广州经济赶超目标　2010 年广州 GDP 实现总量为 1587.8 亿美元，与周边一些经济体还存在一定差距。此处特别提出与中国香港、中国台湾、新加坡三个发达地区的比较。在广州实施新型城市化的战略进程中，由于生产力的提升与解放，生产要素的充分交流，加上制度创新与技术创新带来的发展红利，有可能将于 2016 年超越香港，2018 年超越新加坡，2028 年超越台湾（图二）。

广州在推进新型城市化战略的进程中，全力培育创新能力，阶梯式提升发展能级；全力转变发展方式，高扬城市绿色旗帜；全力促进城乡统筹，实现社会公平正义；全力提升管理水平，保障城市幸福宜居；全力构建城际联盟，引领区域共同富裕。特别设计由"创新广州、质量广州、公平广州、幸福广州、全域广州"共同组成的新型城市化蓝图。

人文精神与生态意识：
以天地万物为一体的情怀

杜维明

美国人文社会科学院院士
哈佛大学荣誉教授
北京大学高等人文研究院院长

  儒家的核心价值是从人的全面发展，包括人的身体、心知、灵觉和神明四个侧面，来讨论人如何发展。儒家最基本的观念是一个学习的文明，学就学做人，所以好学的观念在儒家的思想中非常重要，而在中国文化中学习成为大家都接受的基本价值。另外它是一个宽容的文明，有教无类。
  今天从儒家的思路来看中国的发展，乃至广州的发展，我们所要借鉴的不仅仅是西方的模式，如果只是英美的模式，只是一种经济主义的模式、只是一个线性思维，这是不够的，应该接受各种不同的挑战。特别是中国现在的文化发展阶段，除了东西文明的对话之外，我们认为现在最核心的困难是中美文化对话，不管是贸易的对话，还是生态的对话、战略的对话、人民币升值的对话，现在都不是对话，而是博弈、抗争、施压。如何转变这样的情况，这是我们要考虑的问题。

除了中美对话，还有两大对话必须进行。一个就是传统与现代的对话。广州要发展，除了往前看，还要问一下广州长期在中国文化的资源是什么。广州也有很深刻的禅宗资源，有很深刻的民间文化的资源、南方文化的资源、客家文化的资源，乃至具有非常深刻的地方知识，但是又具有全球意义的资源。另一个对话在国内最困难，又是非常重要的，这就是科学与宗教的对话。我们对宗教的了解太片面、太偏执，我们完全从一个工具理性来了解一切，对人的终极关怀、对人的价值，各方面的理解太片面。儒家非常强调开放与整合，学就是为己，不是为了父母亲，也不是为了社会，先要建立自己的人格，为己之学，才有神性之学、性命之学。西方主要是基督教文化，现在我们要特别注重两个跟我们一样在发展中，但是影响越来越大，大家还没有注意的两个大文明，一个是土耳其文明，一个是印尼的文明。过去十年这两个文明运气好，它的领导阶层特别突出、特别好，有智慧、特别开放，所以土耳其可以达到零冲突，土耳其的周边没有任何的冲突，这就是靠他们的外长经过几年的努力达到，我们可以向他们学习。印度尼西亚也有很大的气派，他们自己原住民的文化，像爪哇文化和现代新兴文化有一种发展。儒家看一个人，基本上是从人的全面发展来看，所有，以前说人是理性的动物，或者人是政治的动物，或者人是利用工具的动物，或者人是一个语言的动物，这些都很好，但是都很片面。儒家认为人就是一个感情的动物，所以有《诗经》；人是一个社会的动物，所以有《礼记》；人是一个政治的动物，所以有《尚书》；人是一个社会的动物，所以有《春秋》；人是一个美学的动物，所以有《乐记》；人是一个永恒追求意义的动物，所以有《易经》。

我们要考虑的问题不是今天，要考虑新中国成立以来的这么几十年、要考虑五四以来的这么近百年，我们要考虑鸦片战争以来，同时要考虑两千多年来中国文化发展的趋势，这是我们的历史意识。再有就是强烈的未来意识，我们做这些事不是为了我们的实际，不只是为了任内做好，是为了千秋万世。非洲有一个谚语：地球不是我们的祖先传给我们的资源，地球是千秋万世后代子孙依托我们好好保存的宝藏。我们到底是为了这一代人，还是为了千秋万世，要考虑长远的问题。儒家的核心价值基本上都是从这些方面出发，仁爱的仁，就是除了硬性规定之外，有没有同情心、有没有关怀、有没有爱心。

礼就是文明礼貌，我们是用法制的方式，还有人的文化自觉，更重要的是智慧的智，我们常常将数据和信息混为一谈，我们将信息和知识混为一谈，最糟糕的是将知识和智慧混为一谈，所以很多有知识、有信息、有数据的人可以作出没有智慧的选择，这是很危险的。印度和中国关于知识智慧和精神信誉的文明对话有好几次，印度的学者从80岁到60岁，每五年有一大批学者，但是在我们的文化区，不仅仅是中国大陆，整个文化中国区，从80岁到60岁能够和印度哲学家对话的，很少很少，这是一个大问题。印度很注重文化和传统，举一个简单的例子说明问题。我到印度很多次，也被印度邀请作国家讲座，在五个地区、十几所大学交流。一次，联合国教科文组织所安排的文明对话，由他们的能源部长主持，在告别晚宴上，所有学者都是主桌，部长、大使、官员都是在下面。部长的旁边留了一个位置，这个位置就是给当天晚上为我们演奏的音乐家，所有参加晚宴的印度学者和官员都非常荣耀，那么伟大的音乐家居然愿意跟我们一起晚餐。

在21世纪，很明显，如果要成为领袖，有几个基本的条件。首先就是能够筹集社会资本，我们在经济资本上有很多明显的数据，但是在社会资本上没有一件可以用数据表现，沟通的理性，包括友情、包括人与人之间的关系、包括信任、包括诚信，这些都是社会资本。假如我们没有社会资本，这个问题很麻烦，因为现在很明显地可以看出来，最有影响力的网民多半是表现出愤愤不平，只要富人和穷人冲突，富人一定错；官员和老百姓冲突，官员一定错；精英和普通人冲突，精英一定错。这表明，我们这个社会中最重要的一些权威，政治的权威、学术的权威、企业的权威、媒体的权威、职业的权威，乃至慈善事业的权威和社会的权威，都受到质疑。另外贪污腐化问题、学术腐化问题、企业钱权勾结问题严重，媒体没有办法发出真正的声音，医生和律师都是体现职业道德最重要的团体，但是人们不相信，所以诚信出现大问题，这是值得我们深深忧虑的。如果广州要成为新兴城市，如何让广州的公共知识分子能够真正地自觉，也就是越有钱、越有权、越有势力、越掌握资源的人，越应该有责任和能力。责任感首先就是要体现爱心和关怀，如果大家认为这一批官员、这一批知识精英是有爱心和关怀的，大家心里就会平和。爱心的官员怎么样体现呢？只有一个原则，这就是以身作则。我们要有诚信，如果我们宣传雷锋，那么就要想：

我们能不能做雷锋？不只是我们做雷锋，我们的妻子或者先生能不能做雷锋？

诚信如果要发挥的话，要有与天地万物为一体的气派。人是扎根于自然，面向永恒的价值追求，这种气派有四个侧面。一个是人的自我整合问题、身心的问题，一个是个人与社会的关系问题，一个是整个人类与自然的关系，还有人心与天道的关系。如果具体来说，在教育各方面我们要向这些方面努力，先要让我们的年轻人，包括我们自己有一种敬畏感。我们现在没有任何敬畏感，在传统中国天地君亲师对天有敬畏感、对地有敬畏感、对国家或者作为一个社群有敬畏感、对老师有敬畏感、对亲情有敬畏感。我们现在每一个人应该有对职业的敬畏感、对广州将来发展的一种承诺也是敬畏感，从敬畏感慢慢发展一种诚信，最基本的诚信有了之后，其他的价值能够慢慢发挥，那么进一步发展势头就比较大。我们要问自己，从现在开始往前看，十年、二十年、三十年、五十年，希望在广州人是怎样的人，是一个纯粹的经济动物和世界其他经济动物一起竞争的，还是一个能够安顿自己的身心，能够使自己和社会互动健康，能够使人和自然和谐，同时能够使我们的精神价值能够体现，在这个基础上我们的发展道路才是真正可以为其他的发展国家所借鉴。

面向城市型社会的
新型城市化之路

魏后凯

中国社会科学院城市发展与环境研究所副所长、研究员

很高兴再次来到广州,下面我从城市型社会的角度,对新型城市化做一些阐述。

一、当前中国已经进入初级城市型社会,但由于城市化质量较低,至今仍处于初级的准城市型社会阶段。

近年来中国的城市化在加速推进,2011年中国城镇人口已经达到6.91亿,人口城市化率达到51.27%,城镇常住人口超过了农村常住人口。人口城市化率超过50%,这是一个重要的转折点,这也是中国社会结构的一个历史性变化,表明中国已经

结束了以乡村型社会为主体的时代,开始进入到以城市型社会为主体的新的城市时代。所谓城市型社会,就是以城镇人口为主体,人口和经济活动在城镇集中布局,城市生活方式占主导地位的社会形态。

判断一个国家或者地区是否已经进入城市型社会主要有五个标准:一是城镇人口标准,人口城市化率超过50%,城镇常住人口超过乡村常住人口;二是空间形态标准,现代制造业和服务业向城镇地区高度集聚,城市经济在国民经济中占据着支配性地位;三是生活方式标准,城市现代观念、生活和消费方式占主导地位,并对乡村居民行为产生深刻影响;四是社会文化标准,城镇特色和文化更加凸现,城市品质不断提升,进城农民实现市民化;五是城乡协调标准,城乡二元结构不断弱化,城乡差距逐步缩小,日益向城乡融合共享和一体化方向转变。

在这五个标准中,城镇人口标准是最为重要的核心标准。根据人口城市化率标准,大体可以把城市型社会划分为四个阶段:人口城市化率在51%到60%,这是初级城市型社会;61%到75%是中级城市型社会;76%到90%是高级城市型社会;大于90%是完全城市型社会,这种情况主要是一些小国家。从中国的情况来说,如果单纯从人口城市化率来看,目前中国已经开始进入初级城市型社会。从国际比较来看,英国在1850年,美国在1920年,法国在1931年,巴西在1970年,韩国在1975年就已经进入了初级城市型社会。但是,应该看到中国城市化推进的地区差异很大,从四大区域来看,中国东北和东部地区已经迈入初级城市型社会,而中西部地区仍处于乡村型社会。从各省份的情况来看,目前中国大多数省份已经或者即将进入城市型社会。2011年全国有15个省份城市化率超过50%，同时还有五个省份城市化率处于45%到50%之间，预计在"十二五"末将顺利越过50%的城市化率门槛。这意味着到"十二五"期末，中国大部分省份都将进入城市型社会。

单纯从人口城市化率的标准看，目前上海、北京、天津已经达到了高级城市型社会的标准。2010年广州市城市化率达到83.78%，也应该是进入了高级城市型社会。广东、辽宁、浙江、江苏已经迈入了中级城市型社会的门槛。其他的八个省区处于初级城市型社会。但应该看到，前面所说的五个标准存在一定的不协调性，从城镇人口和空间形态标准来看，目前中国已经进入城市型社会。但从其他的三个标准，即生活方式、社会文化和城乡协调标准来看，中国离城市型社会仍然具有较大的差距，所以可以判断，总体来看中国目前还处于初级准城市型社会的阶段。比如从城乡差距来看，2011年中国城乡收入比高达3.1:1，广州相对低一些，为2.32:1。而且城市居民可支配收入和农村居民的纯收入两个指标不可比，农村居民纯收入中约有40%用于购买化肥、农药、种子等生产资料，如果扣除这部分支出，目前中国的城乡居民收入差距大概在5.3倍左右。

二、未来五到十年将是中国实现由乡村型社会向城市型社会转变的关键时期。

目前中国城市化率已越过50%的转折点，未来中国的城市化将由加速转变为减速，假如未来中国城市化平均每年以0.8到1个百分点的速度快速向前推进的话，到2020年中国的城市化率将超过60%，按照前述的标准，届时中国将总体迈入中级城市型社会。从乡村型社会向城市型社会转型将是一次重大的社会变革，这种社会转型将会对经济社会发展、城市发展提出一系列新的要求。在转型的过程中，推动农民的市民化、提升城市品质、促进城乡融合共享，着力提高城市化质量，将是实现这种社会转型的关键和核心。很明显，这种以城市型社会为主体的城市时代，将对中国的城市发展提出一系列新的要求。我把它归纳为"五化"：一是进城的农民必须市民化，二是城乡经济必须一体化，三是城市建设必须特色化，四是城市管理必须现代化，五是城镇空间必须生态化，我们不能把城镇建成水泥森林。

三、以提高城市化质量为核心，
走有中国特色、各地特点的新型城市化之路。

目前中国的城市化是一种高速度、低质量、不协调、非包容性的城市化。总体看，中国的城市化推进具有"五重五轻"的特点：重速度轻质量、重建设轻管理、重生产轻生活、重经济轻社会、重开发轻保护。中国的城市化这些年来虽然在快速地推进、加速推进，但是它具有典型的粗放外延特征，不协调、不可持续、不和谐和非包容性问题非常突出，主要表现在四个方面：一是农民市民化程度低，城市化的不完全性特征十分明显，比如说在现有城镇人口统计中，农民工及其家属占了27.5%。这些进城农民工虽然被统计为城镇人口，但在子女教育、社会保障、医疗卫生、公共服务、保障型住房的购房等方面他们并没有享受到城镇居民的同等待遇，他们参与了城市现代化建设，但是并没有更多地分享城市化和改革开放的成果，我称这种情况为共建不共享，未来我们必须要打破这样的局面。二是高消耗、高排放、高扩张，资源环境代价较大。近年来我国城市用地快速扩张，人口集聚相对不足，土地城市化远远快于人口城市化。三是城市化进程中的不协调性日益凸现，比如说不同规模城市间发展不协调、城乡发展不协调、人口和产业分布不协调等。四是城市化进程中非包容性问题突出，城乡居民收入增长严重滞后，城镇居民收入差距、消费水平差距不断扩大。所以未来中国必须走新型城市化之路。一是走特色城市化之路，注重城市特色和个性，注重培育城市文化，提升城市的品质；二是走民本型城市化之路，强调以民为本，突出民富和民生改善，注重提高居民收入和福利水平；三是走绿色城市化之路，要树立绿色发展、绿色繁荣的理念，减少城市化的资源和环境代价，促进城市经济发展与生态环境保护的有机融合；四是走融合型城市化之路，要加快农民市民化进程，使进城农民尽快融入城市，实现城乡融合共享和一体化。

各地推进新型城市化的路径应该是多元化的，广州市在推进城市转型和新型城市化方面进行了大胆有益的探索，由此创造了广州经验，值得总结和借鉴。当前沿海地区正处于全面转型的新阶段，广州市作为国家中心城市，有条件、有能力在沿海全面转型升级中发挥引领、示范和排头兵的作用。近年来广州积极探索走出了一条具有中国特色、广州特点的新型城市化之路，我把它称之为广州经验。广州经验的实际就是以提高城市化的质量为核心，将城市转型与新型城市化有机结合起来，通过城市转型促进新型城市化，通过新型城市化来带动城市的转型，由此形成一种良性互动的关系，实现城乡科学发展。希望广州能够系统总结、介绍城市转型和新型城市化的经验，以便让全国其他城市分享。

新型城市化与城市改革

郑永年

新加坡国立大学东亚研究所所长、教授

今天我想围绕着城市的国际化和城市升级,对中国的新型城市化和城市改革谈一些看法,主要想针对像北京、上海、广州、深圳这样的大城市,重点讨论城市升级的问题。在讨论城市升级问题时,我将重点放在城市软件建设上。

首先,城市的认同感与吸引人才的问题。城市的发展离不开人们对城市的认同,一个城市的居民如果对这个城市的认同度很高,那么表明他们的幸福指数高,城市化是成功的。但如果人们对城市的认同度很低,不管这个城市的经济发展水平如何,GDP多高,很难说这座城市的城市化是成功的。在全球化时代,城市认同又有了新的维度,这就是外来人口尤其是国际人口的认同度。全球化最主要的特征是包括人、财、物在内的所有生产要素的流动性，也包括其他方面的流动，例如文化和思想。国际性人才的流动性也是很重要的，因此这里所说的城市认同问题，既与人才流通有关，也包括国际人才的城市认同问题。经济的竞争在很多方面表现为知识的竞争，尤其是在经济得到初步发展之后，如果要再上一个台阶，知识的重要性就表现出来。知识的载体是人才，同时城市本身的管理也需要人才，一个城市如何才能成为国际化城市，主要是国际化的发展和管理经验，就是能够将那些城市化的国际最优实践统一起来，形成自己系统的城市。一个城市的人才素质决定了这个城市其他所有方面。

那么如何吸收和留住人才，这对各个国家都是难题，这些年来新加坡吸引了越来越多高端人才，各个领域的都有，这里城市认同就变得非常重要。国际人才也有国家认同的问题，国家认同越强，民族主义情绪就越高，就越具有排他性，就越对国际化人才不利。如果说国家认同的强化不可避免，那么在吸引国际人才方面，城市认同就变得非常重要，对国际人才来说发展一种强烈的城市认同比国家认同容易，因为国家认同强调的往往是政治性和意识形态，而城市认同强调的是文化传统和现代性，所以一个人可以不喜欢法国，但是可以非常喜欢巴黎；一个人可以非常不喜欢美国，但是非常喜欢纽约或洛杉矶；也有人不喜欢作为国家的新加坡，但是可以喜欢作为一个城市的新加坡，这就是城市认同问题。城市可以代表一个国家的文化和传统，但城市较少政治性，城市的政治性比民族国家要少得多。实际上西方文明是城市的文明，因为城市是经济交易活动和人际互动的中心，文明就是从各种不同的交易和互动中成长起来的，所以一个国家的文明发展程度可以用城市发展程度来衡量，在世界历史上没有一个城市可以完全通过政治方法而得到生存和发展。

其次，城市的附加值和城市链问题。城市国际化已经涉及城市的附加值问题，城市也有升级的问题，其核心是增加城市的附加值。中国的产业升级和城市升级同样重要，两者要结合起来，才会有效。中国的城市有很多，但附加值并不高。我在欧洲生活和旅游，发现欧洲城市的附加值远远高于中国城市，欧洲一些很不起眼的城市，城市规模和人口规模都很小，但是城市每年所生产的价值比中国的多，一个城市的附加值来自何处？我这里强调的是城市的传统性和现代性、地方性和国际性应当统一起来。

我还要提出一个新的概念。现在我们讲产业链，其实也是一个城市链的问题。全球化对各个国家是一个挑战，对主要城市也是挑战，全球化本身已经成为了一个系统，任何一个国家如果不能进入这个系统，那么就永远发展不了。所有发达国家都是全球化水平很高的国家，这些国家都处于全球化的链条上，很显然那些没有进入这个系统的国家或者说封闭的国家没有得到很快的发展。然而，并不是一旦进入这个系统就可以了，很多国家进入了全球化进程，但是没有能力应付全球化带来的负面效应，因此仍然处于落后状况。对这些国家来说，全球化不但没有给他们带来财富，反而他们本身的财富也被全球化所带走。城市也是一样，一个城市如果不能进入全球化链条就很难得到发展，而那些处于全球化链条上关键位置的城市发展就特别幸运，现在世界上各个城市之间的竞争越来越激烈，城市的竞争就是要争取占据关键的位置，一旦占据到这个关键的位置就会在全球性的人、财、物流动中占据优势。我想广州也可以往这个方向发展。

最后，关于城市行政体制改革问题。上面讨论了城市升级的一些重要方面，那么，如何实现这些方面的城市升级呢？一句话，城市升级要通过城市体制改革来实现。从中国现实来说，城市行政体制改革最为关键。行政体制改革的目标在于以人为本，改变以官僚为本和以钱为本的传统，到目前为止以钱为本是中国城市化过程的主要原则，导致了城市化过程的钱权一体化。这样的结合当然也有正面的作用，因为提供了很大的动力，从量的方面有效地推进了中国的城市化。但是这种钱权结合导致的各种问题，需要通过城市改革而得到解决。城市的全球化表明各种生产要素要在全世界范围内流通，这就要求降低一个城市的官僚程度，一个城市的官僚化程度越高，就越会阻碍各种生产要素的流动。要吸引人才，尤其是国际人才，就要建立适应人才流动的城市制度。中国城市不仅存在庞大的官僚体系，而且一些社会组织，例如医院、大学、研究院等，都具有官僚行政级别，这样官僚行政级别体系的存在，阻碍着人才进入中国、阻碍人才发挥其应当发挥的作用。尽管中国政府在不断推出各种吸引人才的计划，但是我们发现高端人才仍然在外流，同时因为行政级别，已经被吸引回国内的人才也很难发挥作用，并且很快被官僚体制吸纳，成为官僚体制的一部分。

应当看到城市是中国整体政治体制的一部分，城市很难独立于整体政治体制而运作。此外城市本身也必然要有政治化的一方面，有人的地方就会有政治，就是说城市的政治化不可避免，但城市要升级有很多方面必须也是可以加以非政治化的。城市政治要有一个边界，要将更多的空间让渡给市场和社会，城市如果没有一定的自治性，很难发展出城市独特的文化。城市可以自治但不可以独立，今天没有一个城市可以独立生存和发展。同时通过城市行政体制的改革，减少城市的政治化，这也是有可能的。例如城市可以分权给社会，通过各种改革将很多方面的权力让渡给社会组织，而这些社会组织是不需要行政级别的，即使上面所说的医院、大学、研究院等组织也不需要行政级别。我在世界各个地方看，新加坡有四所大学，有三所大学的校长就是外国来的，这就是吸纳人才来的。中国很难想象大学校长是由外国人来做，因为有行政级别。新加坡很多企业，哪怕是国有企业都没有行政级别，研究院也没有行政级别。所以国际人才流动有它的机制。

现在有一些好的发展趋势，广东现在正在尝试进行以放权社会为特点的改革。我觉得广东的城市转型要结合这一波行政改革的主题，城市行政体制改革有很大的空间，应当将城市行政体制改革确定为城市升级和新型城市化建设的重要内容，我们不仅仅要加强硬件的建设，同时也要加强城市管理体制建设。如果政府要在新型城市化方面有积极的作用，那么城市的行政体制改革也势在必行。

广州如何率先走出半城市化？

汤 敏

国务院参事
友成基金会常务副理事长

刚才各位专家都谈得非常好，我想从另外一个角度谈一谈关于城市化与半城市化问题。

农民工已经成为我国创造社会财富的主体，在某种程度上说，城市化的过程就是农民工进城的过程，国民经济的运行和发展也离不开农民工。根据最近的调查资料，2011年全国农民工总量达到了2.5亿人。广东是吸纳农民工最多的省份，全国农民工中超过20%在广东。农民工在第二产业从业人员中占58%，第三产业中占52%，加工制造业中占68%，建筑业中占80%。目前，完全脱离农业生产、常年在外打工的农民工已经占到农民工数量的较大比重，同时，举家外出的农民工也已占到一定比例。这些人已经在相当程度上融入了城市社会生活，他们的技能、收入、能力，已经在相当程度上可以支持他们在城市低水平地生活下去。这些人的就业能力已经不比一些城市居民差，差的只是一个身份。

近年来，农民工已进入了代际转换时期。20世纪八九十年代进城务工的农民工子女已经开始成为农民工的主体。这一群体占外出农民工的六成以上，平均年龄23岁左右，近80%未婚。他们大多数都受到了更好一些的教育和职业技能培训，其中大多数基本上没有从事过农业生产，更注重体面劳动和发展机会，期盼在城里长期稳定生活。他们维权意识日益增强，要求在精神、情感生活需求能够得到更好的满足。新生代农民工问题的积累已经开始显露出对我国政治社会稳定、经济可持续发展的影响。

然而，由于农民工市民化这一核心问题没有松动，农民工及其家庭成员在享受义务教育、高考、劳动就业、医疗卫生、社会福利以及政治权利等方面与城市市民有着明显的差别。特别是农民工住房基本上仍游离于城市住房保障体系之外。住房问题严重影响着农民工的生活质量，并成为农民工市民化的最大障碍。更为复杂的是，现在这些问题还涉及大学生、从其他中小城市到大城市里来的人，他们同样处于跟农民工非常相近的状况，这些人都需要我们在未来的城市化过程中加以解决。与北京、上海、天津相比，广州外来务工人员的比例较高，接近50%，这些问题更应该引起我们的重视。

如何解决这些问题呢？

首先就是要将时间拉长。农民工市民化是一个长期积累下来的问题，解决需要有一个过程，如果操之过急，很可能不但没有解决问题，还可能出现新的大的问题。所以我们建议用10到20年的时间来全部解决农民工的半城市化或者说中国的半城市化问题。我们曾经建议平均每年以两三千万人的速度，逐渐让这些农民工到城里落户，跟当地的居民享受同样的公共服务和各种权利，只有这样才是真正的新型城市化。

需要强调几个原则：一是自愿原则，不能强迫农民工户籍入城；二是有序原则，一步步来，优先解决举家到城市多年的农民工、在城市领取营业执照多年的农民工，以及在城市已经稳定就业、签了长期就业合同的农民工；三是分类指导原则，根据不同农民工群体、不同区域、不同类型城市的实际情况，制定相应的准入条件和采取不同的政策，由各城市制定本地的准入条件；最后是统筹解决原则，方式多样，统筹考虑农民工市民化、城市其他外来流动人口，统筹考虑财政、教育、医疗卫生、社会保障等的改革，统筹考虑农民工的存量与增量、当前政策与长远机制的建立，等等。

采取"阶梯放水、逐步开闸、循序渐进"的模式。目前阶段仍有必要保留城乡不同的户籍制度。各地根据本地实际，逐步放宽农民工在城市落户的条件。中西部地区的中小城市和小城镇，可很快完全放开户籍限制。东部地区的中小城市和小城镇，原则上也可较快放开户籍限制。大城市和特大城市，根据本地综合承载能力逐步放宽落户条件。如可以考虑采取第一年发给暂住证，第三年发给蓝印户口，第五年发给正式户口。

建立一个"人地"挂钩的机制，调动城市政府接纳农民工落户的积极性。可根据各地区、各城市吸纳农民工定居的数量，在目前土地计划基础上，每年的用地指标根据上一年农民工落户规模增加一部分用地指标，主要用于解决农民工市民化后的住房、基础设施、公共服务设施的用地问题。人迁移走了，下一年的用地指标要扣减。

要建立"人钱"挂钩机制。我国当前农民工市民化的人均成本约在十万元左右。大城市还要更高一些。这也意味着我国未来每年为解决两三千万农民工市民化需要投入两三万亿资金。其中中央政府可以通过财政的转移支付分担一部分，主要用于支付市民化的教育、医疗和社会保障支出；地方政府通过财政配套承担一部分，主要用于支付农民工市民化的廉租房等的成本支出。剩余的由农民工自己通过市场机制解决，主要用于支付农民工自己支付的部分养老、医保等以及农民工住房自付部分。中央财政和省级财政建立农民工市民化转移支付，根据各城市吸纳农民工定居的规模，连续几年每年定向给予财政补助，将农民工纳入城镇住房或租房体系。要引导农民工把收入和积蓄用到在城市购房上来。对于购买城市经济适用房、限价房的定居农民工，可采取降低购房首付款比例，延长还款期等政策。同时扩大廉租房规模，把符合条件落户的农民工纳入廉租房援助范围。还要允许探索由集体经济组织利用农村建设用地建立农民工公寓。鼓励房地产商开发建设适合农民工租赁的社会化公寓，培育小户型房屋租赁市场。

探索建立农民工市民化后的土地退出机制。要切实保障农民工在农村的权益，禁止违法调整、收回进城定居农民工的承包地或强迫流转承包地。同时，要允许农民工在自愿基础上通过市场流转方式出让承包地房屋宅基地并获得财产收益，作为他们进城定居的部分资金来源。修订土地承包法关于农民举家到城市落户就要取消其土地承包权的条款。

落实政治权利,促进农民工融入城市。建议修订选举法,解决以农民工为主体的外来人口选举权悬置问题。以居住证为基础,达到一定条件的农民工就可以参与基层民主议事和民主监督。动员民间组织等多元力量,发挥社区的社会整合功能,促使农民工早日融入城市。公共预算改革、民主恳谈会、市民听证会等公众参与城市治理的形式,也应该吸纳农民工加入。

广州市已经走在农民工市民化的前列,率先实行积分制,几年前就开始进行了户籍制度改革。两三年过去了,是否应该全面评估一下这样的方式?标准是否可以根据现实的情况加以调整? 现在各个城市对吸引高层人才、高层技术人员有兴趣。但是一个城市的发展仅仅有这些高层人士是不是可以?现在农民工开始短缺,各地都开始争夺农民工,而且很可能是愈演愈烈。有可能现在广州的农民工流入速度已经越来越慢了,甚至还有流出的可能性,总量在减少。虽然农民工短缺的问题可能目前还没有严重威胁到广州,但前景不容乐观。从世界经验来看,一旦劳动力短缺了,那么争的就不仅仅是高端人才,包括低端人才市场也会有很激烈的竞争。没有低端的人力资源,城市一样不能发展。

在这一领域也是捷足者先登。广州如能制定有力的政策,率先启动农民工市民化的进程,统筹解决农民工市民化过程中遇到的问题,就能在未来的竞争中争取主动,吸引到更多、更好的人才。这不但能聚更多的人气,还能争取到先行先试的优惠政策,给全国的城市树立一个好的改革榜样,再当一次改革开放、真正落实科学发展观的排头兵。

新型城市化背景下的
城市产业结构优化

胡 军

暨南大学校长、教授

城市化进程对城市产业结构和空间布局的影响

城市化推动了城市营商环境的变化,城市的营商环境集中体现为商务成本。商务成本主要包括要素成本和交易成本两大类,前者倚赖于要素供给,后者倚赖于制度供给。商务成本具有明显的区域性,与区域的经济社会发展水平密切相关。城市的商务成本水平以及结构变化对区域内产业结构和产业布局具有决定性的影响。

首先,商务成本影响产业结构。不同产业的发展对两类商务成本的敏感性存在明显的差异。由于要素密集度不同,传统制造业和服务业对要素成本比较敏感，而对交易成本相对不敏感。相反，高新技术产业和现代服务业大部分属于知识或技术密集型部门，高度依赖于交易成本的变化，而对要素成本相对不敏感。在城市化的初期，劳动力、土地等生产要素的供给非常充分甚至是无限供给，而市场化、公共服务等制度性供给明显稀缺，于是，劳动密集型的传统产业在城市快速集聚和扩张。当然，经济的快速发展所产生的拥挤效应逐渐显现，要素供求结构也相应变化。随着人口红利、土地红利的过度开发，要素价格的普遍上涨已成为不可逆转的趋势。此时，产业的高端化成长和转型升级迫切需要更成熟的市场体系、更完善的公共服务和更健全的法律法规等制度性条件，正是这些制度性条件决定了一个城市的交易成本水平。因此，当城市化发展到一定阶段之后，降低交易成本成为城市产业结构优化的客观要求，城市发展的驱动力从要素驱动型转换为制度驱动型。

其次，商务成本影响产业布局。随着城市化的推进，要素成本和交易成本的此消彼长推动了城市产业空间结构的演化。一般的空间格局是，在同一个区域内，制造业和生产性服务业往往是形成一种协同定位的趋势，主要表现为产业分布新格局：中心城市集聚大量的生产性服务业和高新技术产业，特别是中心城市的中心城区成为现代服务业的集聚地，而中心城市的周边地区则主要分布一些对土地成本、劳动力成本和环境处理成本高度敏感的传统制造业。随着中心城市经济活动范围的纵深扩展，在区域范围内产生了明显的空间经济梯度和产业关联效应，进而推动了区域内不同城市之间的互动与融合。这种产业分布的新格局客观上导致区域内各城市功能定位的差异化，中心城市逐渐演变为区域价值链治理的主导者，通过价值链协同效应为周边城市的产业发展提供高端的智力支持和服务支撑，从而实现区域发展的一体化。

新型城市化背景下广州的发展定位

改革开放以来，在粗放型经济增长方式和传统工业化模式的推动下，我国城市发展走的是一条"重量轻质"的外延式扩张道路，集中表现为产业规模的急剧扩张和城市空间的快速延伸。然而，日趋沉重的人口、土地、能源、环境压力使这一发展模式的可持续性面临严峻考验。在新的背景下，我们不得不反思传统的城市化发展模式，结合前面的分析，新型城市化在本质上应强调结构转换，关键是推动城市产业结构和空间结构的优化。

珠三角的城市化是中国城市化的缩影。改革开放以来，珠三角以低要素成本优势嵌入全球价值链分工体系，外向型经济发展取得非常大的成就，特别是广州作为珠三角的核心城市，工业化和城市化水平大幅提高，与世界先进城市的差距明显缩小。但是，近年来要素价格持续上涨，后危机时代国际竞争明显加剧，城市化本身带来的拥挤效应也日益突出，要素成本上升因此成为不可逆转的趋势。要素成本上升引起了珠三角城市群商务成本总体水平的上升和成本结构的变化，从而导致了珠三角城市群呈现出产业结构空间分离和城市功能定位异化的明显趋势。

这种变化趋势对广州新型城市化具有明显的推动作用，集中体现为结构转换：一方面是产业结构转换，大量对要素成本敏感的传统制造业或制造环节转移到珠三角周边城市或内地省份，从而为其他产业的引入和发展腾挪空间；一部分制造业通过采用先进的技术知识升级为先进制造业或高端制造环节，成为城市的优势产业得以壮大发展；同时，制造业的发展激发出大量的服务需求，一些对要素成本不敏感的生产性服务业不断被剥离出来，成为大城市的主导产业，特别是在广州和深圳的CBD区域集中了大量的金融保险、高端商务、信息服务、研发设计、文化创意等现代生产性服务业。另一方面是产业空间结构转换，当前的国际竞争越来越倚赖于城市群的整体竞争力，而非单体城市。在全球价值链分工体系中，珠三角要强化世界制造业基地的地位，就必须加快建立起比较完善的区域价值链。通过先进制造业和现代服务业的双轮驱动，可以强化广州在珠三角区域价值链上的治理功能和控制能力。特别是广州的现代生产性服务业可以为其他周边城市制造业的发展提供智力支持和服务支撑，从而促进区域内产业结构优化和技术进步，提升珠三角作为世界制造业基地的整体竞争力。

新型城市化强调结构转换，核心是城市产业结构和空间结构的优化。只有全面推进新型城市化才能强化广州在后危机时代的应变能力，进一步明确广州的城市功能定位，实现城市的持续发展和科学发展。从全球价值链分工体系来看，广州要定位为珠三角世界级城市群的核心城市，成为珠三角城市群叫板世界先进城市的引领者。要通过集聚高端要素和推动制度创新，强化对珠三角区域价值链的治理功能，促进区域一体化发展，提升珠三角作为世界制造业基地的地位和竞争力。

新型城市化背景下广州产业转型升级和区域发展一体化

在后危机时代，广州在短期内要制定各种反危机的应变措施，但中长期经济发展的主要问题仍然是各种结构性矛盾。新型城市化的本质是强调结构转换，因此，全面推进新型城市化是广州实现经济可持续发展的关键。根据前面的分析，在新型城市化背景下，广州要推动产业转型升级和区域一体化，要抓住以下几个方面：

第一，要优先发展现代服务业。现代服务业加快发展已成为广州新型城市化的重要特征。东京、香港、新加坡等城市正是因为转型比较成功，迅速确立了服务经济的主导产业地位，从而迈向了世界先进城市的行列。广州要迈向世界先进城市，就必须将产业发展的目标导向确定为建立以现代服务业为主导的现代产业体系。优先发展现代服务业就要特别重视发展总部经济。世界级的经济城市是全球经济的关键节点，广州作为珠三角的核心城市，也应该成为整个区域的关键节点。这种关键节点正体现在以现代生产性服务业为主要内容的总部经济成为城市的主导产业部门。总部经济的快速发展是推动区域性城市升级为世界级城市的主要动力。

第二，推动制造业走向高端化和品牌化。金融危机中，德国一枝独秀，原因在于德国保留了更多的实业。回归实体经济已成为欧美发达国家产业结构调整的必然趋势。实业是经济的基础，特别是对于广州这样快速成长的经济体来说，更要对实业、制造业给予更高的重视。与发达国家和地区相比，广州制造业仍然先进性不足，竞争力不强。广州要重点推进汽车制造、精细化工、电子产品、重大装备制造的高端化和品牌化。一方面，要通过技术创新、工业设计和精致制造，推动制造业产品的高端化；另一方面，要通过渠道建设、营销管理、电子商务、人才和标准的国际化，推动制造业建立具有全国和全球影响力的自主品牌。

第三，积极培育战略性新兴产业。战略性新兴产业具有技术路线选择的不确定性和技术产业化的不成熟性。在技术不成熟和技术路线不明确的条件下，不应在低端产业链上铺摊子，过分扩大生产能力。战略性新兴产业往往具有较长的产业链，不同产业链环节的利润空间大不一样。因此，战略性新兴产业的投资既要选择合适的进入时机和产业环节，又要权衡技术成熟度和经济合理性。从产业发展特点来看，战略新兴产业的培育和发展要特别强调技术创新、商业模式创新和金融创新的结合。因此，广州发展战略性新兴产业的关键在于推动市场化改革，创造良好的制度环境。

第四，推动产业协作和区域一体化发展。随着全球价值链生产模式在世界范围内的扩展，参与国际竞争的已不再是单个城市，而是城市群。经过改革开放30多年的发展，珠三角城市群已初步形成基于区域价值链的空间布局体系，然而这一区域价值链一方面在技术创新和品牌渠道等核心环节明显薄弱，另一方面城市之间的产业关联效应仍然处于较低的水平。因此，客观上，珠三角城市群的产业空间格局存在优化整合的迫切需要。广州要明确自身角色定位，来满足珠三角的这种迫切需要。为此，广州要不断强化国家中心城市的综合承载能力和资源配置优势，发挥对区域价值链的治理功能，引领珠三角区域经济一体化发展。

第五，培育实业精神，集聚实业精英。当前转变经济发展方式要高度重视夯实实体经济，要集聚高端要素发展实体经济，关键是培养"实业精英"，既要培养具有实业精神的企业家和科技人才队伍，还要重视培养产业工人。要营造"崇尚实业"、"实业兴国"的市场环境和制度条件，制度建设是提升要素配置效率的核心保障。同时，要重视实业精神，实业精神主要体现为现代工业精神和服务文化，实业精神是产业升级和城市发展最深层的基因。

文化自觉：
新型城市化发展的内驱力

颜泽贤

澳门城市大学校长

在我们这个世纪中，最重大的事件之一，就是城市化。城市作为人类文明的载体，获得人们极大的关注。最近牛津大学哲学博士贝淡宁教授提出了一个新口号——"爱城主义"，号召人们热爱自己的城市。广州十次党代会提出的走经济低碳、城市智慧、社会文明、生态优美、城乡一体、生活幸福的新型城市化发展道路，可谓大气派、大手笔，相信在广州城市发展史上必将写下浓墨重彩的一笔。

本文从文化特别是"文化自觉"的角度谈谈对广州新型城市化建设与发展的几点粗浅看法。"文化自觉"这一概念源于民国时期的晏阳初，20世纪末，费孝通先生对这一概念的内涵和意义进行了颇有影响的阐发，于是"文化自觉"、"文化自信"、"文化自强"等理念引起学术界和政府决策部门的高度关注，成为文化研究与文化发展的热门话题。

文化自觉作为一种内在的精神力量，以提升人的自我精神存在和主体价值选择、实现人积极而自由的生存状态为目的，它对城市发展无疑具有一定的指导意义。基于广州的新型城市化发展，有三层意思值得重视。

文化自觉：引领广州新型城市化发展战略

在古今中外的历史发展中，文化引领风尚、引领发展、引领时代，是不争的事实。注重文化的引领功能，是文化自觉的内在要求。在广州新型城市化发展战略的制定和实施过程中，需要凸显和注重文化的引领功能，彰显广州领导者战略选择的时代特征、历史张力和文化自觉。

（一）**广州为什么要走新型城市化发展道路？**

从中国乃至比较普遍的情况来看，在以往的城市化进程中，不同程度地呈现出了这样的逻辑：城市化衍生城市异化，城市异化引发城市焦虑，城市焦虑产生文化反省，文化反省需要文化自觉。

城市化进程中出现了与其预期目标相悖的异化现象，衍生出诸多城市病，如资源匮乏、生态恶化、交通拥堵、文明失范、文化衰落，等等，归纳起来，可概括为城市的两大危机，即自然生态危机和人文生态危机。这些危机引发城市焦虑，城市正由人们想象中的美好家园变为现实中的焦虑之城，表面上繁华和强大的城市躯壳包裹的是孱弱和发育畸形的文化灵魂，许多城市由此在身份认同、文化认同和心理认同上日益陷入焦虑与危机之中，于是有所谓"逃离北、上、广"、"大城市伪幸福"之类的焦虑反应症。

如同人身患疾病一般，焦虑中的社会主体，包括个体主体和群体主体必然产生反思，这就自觉不自觉地导致对城市化进程中的文化反省。人们逐步意识到，现代城市社会的危机，根源就在于文化灵魂的隐匿，要拯救当今正在沉溺的城市精神，首先要拯救的是城市文化。于是我们可以得出这样一个判断：城市焦虑引发文化自觉。日益增长的城市焦虑其实为中国城市化进程中的文化自觉提供了契机。既然此路不通，就得另辟新径。广州提出走新型城市化发展之路，正是文化自觉这一内驱力使然。

（二）广州如何制定和实施新型城市化发展战略？

任何一项发展战略都是在一定的文化理念指引下进行的，区别在于显性与隐性、自觉与不自觉。我的观点是，显性的、自觉的、鲜明的文化引领意识同样是广州新型城市化发展战略制定和实施的内驱力。文化自觉与城市发展是一种互动关系，文化自觉促进城市发展，城市发展激发新的文化自觉。没有高度的文化自觉，就不可能有真正的新型城市化发展，更不会有国际大都会幸福之城的诞生。

这里尝试对广州新型城市化发展战略作几点解读。比如，制定和实施广州新型城市化战略的基本理念应是：刚柔并济，

"软""硬"兼施，工具理性与人文理性并重。物资与精神不可偏颇，科学与人文相互融通。这就有文化引领和文化自觉问题。又比如，制定和实施广州新型城市化战略的基本方略应是：全球视野，国家战略，广州模式，文化自觉。只有在高度的文化自觉下，才能制定出全球视野的广州新型城市化发展战略。

在推行广州新型城市化发展战略的过程中，只有文化引领，才能提升发展境界，创新发展思路，聚集发展合力；只有文化引领，才能坚持人本性，坚持创新性，坚持实效性；只有文化引领，才能提高思想"天花板"，找准工作"坐标系"，强化发展"总开关"。

文化自觉：建构广州城市文化

自美国著名学者路易斯·芒福德于1938年出版《城市文化》(The Culture of Cities)一书以来，城市文化逐渐作为一门相对独立的学科，日益成为世界研究热点。"城市"与"文化"是两个既不相同又如影随形的概念。著名建筑师沙里宁(E. Saarinen)有一句名言："让我看看你的城市，我就知道你的人民在文化上追求什么。"从狭义上讲，城市文化是城市群体意识、价值观念、思维方式、行为模式及生活方式等文化现象的总和。城市文化在保存城市记忆、明确城市定位、决定城市质量、展示城市形象、塑造城市精神、支撑城市发展等方面发挥着巨大的作用。

广州走新型城市化发展道路，究竟"新"在何处？从专家到领导有不同的解读和真知灼见。我认为关键是新在文化，是以新的文化自觉来选择广州新的城市化发展道路。一个城市的价值不仅取决于丰厚的物质积累和充足的现实财富，更取决于它能在什么样的高度给自身的发展打上永恒的历史印记，而文化正是这种永恒印记的承载者。城市的终极意义和价值在于文化，文化是一个城市的气质、风骨和灵魂。因此，着力建构广州新的城市文化乃广州新型城市化发展的首要课题，甚至有人将其推向极端，说城市化建设没有城市文化建设，终将归于失败。

城市文化是一个地域性的多元动态的整体系统，涵盖面广，内容丰富。谈两点意见。

（一）塑造城市精神

广州新型城市化发展定位我以为可表述为：从"功能城市"上升到"文化城市"，从"物质家园"上升到"精神家园"。从这一定位出发，就要着力建构城市文化，塑造城市精神。

城市的深层内涵是它的精神特质，即城市精神。城市精神是一座城市的灵魂与质量，是市民认同的价值取向与共同追求。正如一个民族要有民族精神作支撑一样，一个城市不可缺乏自己的城市精神。

广州确立了"务实、求真、宽容、开放、创新"的城市精神，关键问题是如何将这一城市精神内化到市民和城市的灵魂中去？这要靠文化，靠文化自觉。市民之魂，文以化之；城市之神，文以铸之。文化是人类价值观念的对象化。只有文化才能让人类坚守住自己的精神家园，也只有"以文化人"，人的素质和境界才能全面提高。城市一旦形成深层的文化，形成市民的集体性格,这个城市便有了灵性,有了魅力,也就有了城市精神。

(二) 培育文化个性

"文化引领"与"引领文化"是两个互动的过程,如果说上面主要谈的是"文化引领"问题,培育城市文化个性则主要强调"引领文化"问题。这也是文化自觉的应有之义。

城市的发展理念通常是:支持它的多样性,发展它的差异性,展示它的独特性。在建构城市文化中,要注重培育城市文化个性。如何总结和提炼广州的城市文化个性,不少学者发表了许多真知灼见。有的主张从岭南文化的传统、中原文化的传入、粤港文化的互动、中西文化的融合等方面来概括广州城市文化个性,有的提出广州是岭南文化的中心地、古代海上丝绸之路的发祥地、中国近现代文化的策源地和当代改革开放的前沿地,这"四地"的概括来提炼广州的城市文化个性。

总之,城市文化个性是一种亚文化形态,是一个城市内化为自己思想的一种逻辑,是一个城市区别于其他城市而存在的独特意义,是针对一个城市独有的自然特质、文化特质、经济特质,再依据其特质目标、特质形态所做出的一种培育和塑造的过程。

"文化的经济自觉"与"经济的文化自觉"

文化自觉既是一种文化意识,又是一种文化价值观,更是一种文化实践论。从文化实践的角度看,文化自觉主要体现为对文化建设、文化发展、文化进步的责任担当。就文化与经济的关系而言，20世纪下半叶以来，二者已相互渗透，形成一种互动的超循环局面。"文化的经济自觉"和"经济的文化自觉"已成为当今世界潮流。

（一）文化的经济自觉

所谓"文化的经济自觉"，就是指文化进入产业，文化进入市场，文化中渗透经济的、商品的要素，使文化具有经济力，成为社会生产力中的一个重要组成部分。这就是我们当今积极提倡大力发展的文化产业。"文化产业"一词，自法兰克福社会学派于1947年提出半个多世纪以来，已成为人类社会经济发展中重要的理论与实践课题。

广州大力发展文化产业，生机勃勃，一路领先，斐然成就，无需赘述。我要表达的观点是，在发展文化产业的过程中也要有文化自觉，我们应当有对文化的责任担当，注意消解文化产业发展中的"反文化性"。必须注意到，全球文化产业对世界最大的负面影响，在于使文化不断被物化，"下沉"为物质基础。而原本属上层建筑的文化一旦受到工具理性法则的支配，不断被物化后，就会丧失其文化内涵，进而表现出"反文化性"趋向。

在文化产业发展的现实过程中，有学者指出，文化产业是一种把文化符号市场化的产业。文化产业中反文化现象的产生来源于文化和文化产业极端化的冲突。比如某些文化产业项目或行为，大量地消耗和破坏文化积累，无节制地篡改文化传承路径，甚至颠覆民族最基本的文化价值观，所提供的文化产品和服务的优质文化含量越来越低，这就使文化产业走向了反文化一端。

英国人坚持用"创意产业"的概念取代"文化产业",一个重要的原因是英国人对于"文化产业"这一术语的敏感。我们对文化产业发展的诉求,不是让人们通过将文化商品化直接去获取经济利益,而是视文化产业为对于人类的过去、现在和未来最深刻的文化责任。文化产业发展的首要任务在于文化价值体系的建构。

(二) 经济的文化自觉

社会经济发展到今天,"经济的文化自觉"更为重要。所谓"经济的文化自觉",指作为经济主体的产业的文化自觉。文化在产业发展中取得独立的价值,即所谓"产业文化",它不仅包含我们通常所说的"企业文化",而更特指该产业所具有的"核心文化",亦即某产业在多年产品生产的历史过程中,发掘、发展出属于自己的一种特有的核心文化。

一个产业如果不能在产品核心价值中体现文化,就只是个物质来物质去的产业。相反,如果一个产业注重将一定的文化内容,文化符号经过发掘、文饰、造型等过程对其主导产品进行文化渗入与转换浮出,这一过程,就是该产业文化的塑造过程。小孩子喜欢麦当劳、肯德基,是因为让他们"生产"了"文化",是一种产品对人、对人的生活方式持续进行文化塑造的结果。米老鼠、可口可乐做成了文化,成为美国精神的象征,如此等等,这些即为典型的产业文化。

必须指出,由于"文化"与"产业"的互渗性以及市场的共生性,"文化产业"与"产业文化"往往是一个双向融和的过程。

我们不仅要注重"文化产业"的发展，更应该注重"产业文化"的推进，做到"文化的经济自觉"和"经济的文化自觉"互动共赢。

专题演讲一

城乡一体与生态城市建设

我国城镇化进程中相关问题的讨论

毛其智

清华大学人居环境研究中心副主任、教授

关于城镇化概念的辨析

回顾历史，中国首次在政府文件中出现"城市化"一词，是 1991 年全国人大批准的第八个五年计划（1990 — 1995），其中提出："有计划地推进我国城市化进程，并使之同国民经济协调发展。"在"八五"计划中出现的"城市化"，与此后政府文件中坚持使用的"城镇化"被视为同一概念，英文均为 urbanization，但在学术界，相关的争论一直没有停息。

改革开放以来，中国的城镇化基本呈良性、健康发展态势，对城乡经济起飞作用巨大。从学术研究的角度，对中国城市和城镇化的研究也进入一个新阶段，开展了有关人口迁移、资源利用、环境保护、城乡统筹、社会和谐、绿色低碳、包容增长等一系列课题的研究。

广州市提出走新型城市化道路，就应该首先了解到底什么是城市化。广东的情况正如汪洋书记所说，"十一五"期间全省城市化水平达到66.2%，居全国各省区前列，珠三角地区城市化率超过80%，达到中等发达国家水平。但是，与国内外先进城市相比，广东省的城市化发展仍然存在城市建设"拼土地、拼资源、拼成本"、基础设施建设滞后、环境污染比较严重、城市管理水平较低等一些突出问题，以及"建筑洋了，特色没了；档次高了，生活难了；城市大了，空间小了；人口多了，交往少了"等令人关注的问题，有待在新型城市化的探讨中加深认识，努力改进。

世界城镇化进程的几个阶段

（一）第一次提出"城镇化" 1860－1861年，西班牙工程师伊尔德方索·塞尔达通过1859年巴塞罗那城市发展设计的实践，创造了"城镇化"（Urbanization）的概念。1867年塞尔达出版专著《城镇化基本原理》，是工业化社会第一次对城市演进、运转和各组成部分相互作用进行的系统研究，是城市建设规划理论的一次提升。在城市平面布局方面，作为一个理想主义者，塞尔达理想中的社会是一个民主平等、人与人之间能够和睦相处的社会，方格路网的规划正是体现了他的这种通过城市拓展工程实现的社会理想。

（二）组合城市——现代城镇规划的起点　从20世纪初起，苏格兰学者帕特里克·格迪斯对伦敦的城市人口增长进行了长期观察。通过对人口地图的分析，格迪斯将快速发展的大伦敦地区比喻为"章鱼"和"人礁"，或是一个"被住房覆盖的省"。1915年，他的划时代著作《进化中的城市——城市规划与城市研究导论》出版。伦敦等城市向周边蔓延的形态被赋予一个新的词汇——组合城市。格迪斯说："潜意识地，它代表着一种处于发展中的社会组群新形态，以及不久后相应的政府和管理机构。"他呼吁大伦敦地区所有行政团体合作，通过城镇规划来迎接这一前所未有的挑战。格迪斯被后人称为现代规划理论的奠基人之一。

（三）大城市连绵带——地理学家的观察　第二次世界大战结束后，法国地理学家简·戈特曼开始研究美国东北部海岸由波士顿、纽约、费城、巴尔的摩和首都华盛顿五个较大的大都市区组成的"连绵的大城市链条"。1957年，戈特曼发表的《大都市带：或东北部沿海的城市化》一文中首先使用了源自希腊语的"大城市连绵带"（Megalopolis）一词。1961年，戈特曼的名著《大城市连绵带：城市化的美国东北海岸》出版后，他又提出了世界上有六大城市连绵带的观点，受到学术界广泛关注。

（四）重塑世界经济地理——密度创造财富　世界银行《2009年世界发展报告：重塑世界经济地理》的结论认为，不断增长的城市、人口的迁移和专业化生产是发展不可或缺的部分。没有工业化和城市化，任何国家都不可能跨入中等收入国家之列；没有朝气蓬勃的城市，任何国家都不能跨入高收入国家之列。同时，某些地方发展势头良好是因为他们遵循经济地理三大特性促进了地理变迁：提高密度、缩短距离、减少分割。报告指出，鉴于城市化所伴随的密度的增加与农业经济向工业经济再向后工业经济的转变密切相关，高密度城市化的推进在所难免。

城镇化的主体是城乡综合体

在中国，城市和建制镇都同时具有行政区划、产业结构、生活方式三个最基本的特征。2010年末，全国657个设市城市的总人口为12.76亿，占全国总人口的95.1%；而这657个城市的市民中，仅有一半是聚居在城市基础设施相对完善地区的城镇人口，而另外一半则还是生活在乡村的地地道道的农民。从行政辖区的意义上说，中国目前的城市在空间上都是一种"城乡混合体"，是"市"而非"城"，即便是"街道办事处"和"居民委员会"都有各种的"城乡混合"，其中，户籍制度和土地所有制的混合是两个最突出的要素。

2006年8月，王岐山在中国市长协会年会的报告中提出，在目前阶段的中国，"一是没有典型意义的市长，因为市长要统筹城乡，三农问题是市长必须抓的；二是中国缺乏市民的概念。"因为迄今为止，我们仍无法真正区分"城里人"和"乡下人"，无法采用"城市实体地域"来划分出清晰的城乡边界。王岐山曾问到，"这是不是因为我们还没有发展到市民的那个阶段？"他认为，市长不论大小，从直辖市市长到县级市市长，所管的城市都是一个大基层，所有的事情都直接反馈到市长身上：市民的要求、市民的困难、市里发生的方方面面的事情。我们每天都在这个过程中有所醒悟，有所实践，也有所创新。这些问题都值得我们思考。

近年来，城镇化已成为我国现代化建设的重大战略，城乡规划从过去物质环境的建设，现在正在向重要公共政策转化，关注如何真正做到调控空间资源、指导城乡发展与建设、维护社会公平、保障公共安全与公共利益。今天的城市规划专业能够承担这个职能吗？我希望大家一起来讨论，不要将城乡规划作为一个包罗万象的聚宝盆，作为一种推进城乡可持续发展的万全之策。城镇化的主体是城乡综合体，城乡的发展是需要全社会共同努力的。在这个意义上，中国的城镇化或者城乡发展，与中国的社会经济发展是同等概念。

我国城镇化进程中有待探讨的问题还有很多，以广东为例，我们有经济发达的珠三角，差不多占了全省2/3，甚至是4/5的经济收入，但我们也有欠发达的粤东、粤西、粤北，即使在珠三角内部，也有人提出组成七星联盟，将其他城市排除在外，这样的发展观是否正确？是否会产生更大的矛盾和问题？

广东省委省政府提出"幸福广东"，我想可能是一个更加正确的认识，这个认识就是要让老百姓不管是住在城里还是住在乡下，都能够不断的改善他们的生活、生产条件，都有一个美满幸福的未来。

全球气候变化与低碳城市生态规划响应

王祥荣

复旦大学城市生态规划与设计研究中心主任、教授
中国生态学会理事、上海市生态学会理事长

全球变化对于整个人类生态系统、自然生态系统、环境与生态安全具有深刻的影响。2009年在丹麦哥本哈根、2010年在墨西哥坎昆、2011年在南非德班召开的全球气候变化大会，已经将该问题政治化，成为发展中的又一个绿色门槛。2011年在世界能源需求不断增长、供需矛盾进一步恶化的背景下，西非、北非动荡和日本核事故两大热点问题对世界能源形势产生了深远影响。相关国家针对南海、北极等潜在能源重要产地的争夺将进一步加剧，中国能源安全和产业发展也受到上述热点问题困扰，所以低碳城市规划与建设已经成为国际社会的响应策略之一。

全球气候变暖对城市环境的影响

从全球变化的背景来看，近现代以来，特别是最近百年来，全球气温呈波动上升，导致全球气候变暖，全球的降水量呈现不均衡情况，中高纬度的降雨有可能增加，而低纬度地区则减少。在 1901 年到 2000 年之间，中高纬度陆地变暖最为明显，海拔比较低的沿海地区将面临部分被淹没的危险，在滨江临海的区域，全球约有 50% 到 70% 的人口居住其间，中国人口有 60% 居住在离海岸线 60 公里的范围内，广州所在的珠三角地区属于地势比较低洼的地区，假设海平面上升 30 厘米，被淹没的地区将达到一千多平方公里。

很多数据表明，中国的气候还会进一步变暖，会影响到我们的城市环境。最近两三年，夏天的洪水暴雨已经让我们吃尽苦头，这对城市基础设施的标准、基础设施规划的长远意识提出挑战。此外，二氧化碳排放与能源消耗 2010 年后逐年紧张。中国单位人均 GDP 碳排放量是非常高的，总量上我们已经成为全球之最。城市地区是二氧化碳的主要排放源，根据一家研究机构 2008 年的预测，2025 年中国会有 10 亿人居住在城市地区，其中包括 219 个百万人口的大城市，还有 24 个五百万人口的特大城市，这将给我们的城市造成巨大的压力。

气候变化对人类活动的影响是方方面面的，近几十年来，人类对环境的冲击与破坏力与日俱增，其影响程度、规模和速度是如此巨大，人类活动具有全球性的相互关系，全球应为此承担共同后果和责任。

低碳城市生态规划建设与节能减排模式

尽管全球有不同的模式,但是都不得不考虑怎样降低二氧化碳的排放。低碳城市的生态规划应该说是应运而生。低碳城市的概念,包括低碳经济发展的模式和方向、市民低碳行为和低碳模式、政府的低碳管理等,核心的要求是节能减排。国际上从1992年到2009年以来,有很多大的事件都是围绕应对全球气候变化、减少碳排放的。中国从2006年至今,从国家部委到很多科研院所都在研究低碳问题。国家发改委已经有明确的计划,在未来的三五年里中国要发展15个到20个低碳城市。

低碳城市生态规划与设计框架,包括生态环境、生态产业、生态文明三个板块,概括起来又是四个大的方面,包括清洁能源、清洁材料、协调共生网络、寻找最佳的生态位和最强的自组织能力。现在广州提出新型城市化发展战略,实际上就是寻找城市的最佳生态位。节能减排模式也可以分为几个大的国际区域,我们作过概括性的分析,包括泰晤士河畔的伦敦、澳大利亚东海岸的昆士兰州,还有美国纽约河口,等等。中国最早提出建生态城市,近些年来也越来越多地开展了低碳生态城市的规划。从资源的情况来看,我国风能资源相对比较丰富,太阳能资源虽然不是太丰富,但是在不同的区域也有相应可开发的潜力。广州提出低碳城市模式,包括编制建设规划、制定政策和实施方案等,力争到2015年单位GDP能耗降低至0.54－0.56吨标准煤,碳排放强度年均下降3%左右。

上海城市特点与广州有相同的地方,也有不同的地方,它的低碳城市路径对广州可能也有一些借鉴意义。上海覆盖面积是 6340.5 平方公里，人均年碳排放是 11.5 吨，是全国水平的两倍多。上海建设低碳城市的发展路线，包括有建立低碳技术创新体系、转变经济发展方式、加强低碳城市规划和交通体系建设、倡导绿色生活方式、推进碳排放交易的市场化措施等。我们已经开展了低碳城市的建设规划，包括在郊区将要建设九个生态新城，其中三个生态新城已经率先启动，另外还有崇明岛作为低碳示范城。2010 上海绿色世博中提出了 5G 概念：绿色景观、绿色能源、绿色交通、绿色建筑、绿色消费。上海市明确提出了体系呈梯度、布局成组团、城镇成规模、发展有重点的"1966"的新市镇建设规划思路。为了加强这方面的工作，上海又在两年前正式颁布了上海市生态网络规划，实际上就是希望通过该规划加强绿化的碳储减排。

广州 2011 年推出新型城市化发展路线图，提出了"12338"战略，破解广州在科学发展中的难题，使广州实现低碳、智慧、幸福，将民生幸福作为最高追求。我们觉得通过这些努力，广州市有希望走出具有特色的经济低碳、城市智慧的发展之路。

节能减排、建设低碳生态城市，需要多元措施并举。过去我们非常强调污染控制减排、结构调整减排、政策保障减排，现在我们希望加上绿化碳储减排，应对全球变化、节能减排、建设低碳生态城市是一项长期的任务，需要我们全社会的共同努力。

提高公民科学素质是新型城市化发展的重要推动力

郭 俊

中国科学院广州分院副院长、研究员

不管什么样的发展道路，都跟人是密切相关的。有专家提出，我国到 2030 年城市化率要达到 65%，也就是说未来若干年当中，有近 4 亿人口要转移到城市，每年将有接近 1500 万农民要变为城市居民，这是人类历史上最大的人口转移，也是中华民族伟大复兴的一部分，是我们进一步发展的必然路径。广州作为国家五大中心城市之一，需要探索一条适合广州的新型城市化发展道路。

素质优良的人是先进生产力的基本要素

城市化过程必然包括人向城市的聚集，在聚集的过程中有多种形态。人为什么千方百计要到城市生活，就是因为城市里有更多的发展机会和更大的发展空间。城市化过程中有很多概念，这些概念在不断地发展，但是这一过程中始终伴随着的，是人口增加、规模扩大、农村人口向城市转移、城市文明向农村扩散，这促进生活方式转变和人的价值观不断发生改变。现在我们面临的问题很多，经济持续发展的难度系数加大，人口的老龄化程度不断上升，我们必须探索一条新型城市化发展道路。

新型城市化必然是持续发展和协调发展，具体来说有以下几个特征：第一是城市经济结构质量明显提高，第二是能够科学合理地利用资源，第三是人口素质得到明显提升，第四是城市管理能力更加符合规律，第五是城市各阶层更加和谐，第六是生态环境良好，第七是"两型社会"（资源节约型、环境友好型社会）特征非常突出，宜居宜业得到公认。

其中有一点非常关键，作为这么大的人口迁移，城市化过程中市民素质问题必须要得到大幅度的提升。市民综合素质的不断提升是新型城市化发展的基本动力。市民是推动城市化发展基本的主体力量，在这个过程中具有优良素质的人已经成为先进生产力的基本要素，因而在城市里具备优良素质的市民是推动城市生产力发展的基本要素，也是推动新型城市化发展的基本构成和原动力。比如，爱尔兰首都都柏林，他们之所以能将一般化的工业化城市发展成为全球文明的软件生产基地，可以说是优秀的市民将这座城市做强做优了。推进新型城市化的过程中，我们要高度重视宣传教育和持续培训广大市民，不断提高市民素质。新型城市化必然要求走文明之路，城市也是文明城市，市民的素质可以说是建设文明城市的决定性因素。

提高市民科学素质和创新水平的建议

一个新型的城市化发展道路中，市民的基本素质至少有八个方面：一是富有城市主人翁的责任感，二是富有敬业精神，三是富有创新精神，四是富有民主意识，五是具有宽容和互相尊重的作风，六是具有城市品格，七是具有科学素质，八是要有相关的专业技能。

现在我国进入了创新型国家建设的关键时期，走新型城市化道路也是走创新道路，全面提升市民的素质，促进市民理解、支持、参与科技创新，全面提高市民科学素质和创新意识是科普工作的重要任务。

我国共进行过针对成年公众科学素质的六次专门调查，基本具备科学素养水平的仅占2%左右。我们走新型城市化的道路，就必须重视市民素质的提升。一是利用大众传媒的作用和影响，促进科普工作深入千家万户，广州地区关于科学普及方面的内容，在报刊等平面媒体上的比例是相当低的。二是进一步完善场馆建设。三是开展以新型城市化道路为主体的内容丰富、形式多样的教育，将市民的思想意识和兴趣爱好逐步引向新型城市化建设和科学发展的轨道。四是充分调动广大科技工作者的积极性，围绕新型城市化道路开展相关工作。五是在科技项目中，追加一定的比例，比如说2%到5%列入科普经费中，加大公众的宣传力度，特别是在重大的一些有影响科学项目列入之后，要提交面向大众的科普报告，一个方面是得到纳税人的理解，另外是提高公众的科学素质。支持科技工作者围绕相关新型城市化道路的内容撰写科普著作，全面提升市民创新意识。这样，把提高外来人口的素质、开展科普活动、提高科学素质与创新文化结合起来，制定总体规划，按不同的专项行动开展活动。

城乡一体发展与新型城市化

陈鸿宇

广东省政府参事
广东省委党校教授

新型城市化是广州的自觉选择

改革开放以来,广州的经济社会获得了长足的发展,但广州目前的城市化是不健康的,正面临城市扩张、人口增长与资源承载有限、面临城乡发展不平衡、公共服务供给不足的新挑战。为此,广州市第十次党代会报告提出了坚决摆脱传统发展路径的依赖,努力走出一条具有广州特色的新型城市化发展道路的目标,体现了广州市委、市政府自我审视、自我否定的历史自觉、敢于探索勇于创新的理论自觉、敢想会干、造福民生的政治自觉。

"城市病"的根源：传统的城市化进程中的城乡对立

"人们来到城市是为了生活。人们居住在城市是为了更好地生活。"城市的起源就是城乡分离的起源，城市化的一般进程也就是城乡之间从分离走向对立的过程。所以，城市已经表明了人口、生产工具、资本、享受和需求的集中这个事实，而在乡村则是完全相反的情况——隔绝和分散。

城市化又是城市系统的构筑和不断完善的过程。不论城市形态如何演进，城市是一个"人口—经济—社会—文化—生态"的复杂系统，通常包括由社会分工与经济联系构成的经济系统，由阶级、阶层和社会治理结构构成的社会系统，由人的生命的基本保障机制构成的生存系统，由民族、宗教要素和文化、文明构成的文化系统，由环境、地理区位和资源禀赋程度构成的生态系统。这五个系统的集聚过程构成了一定空间地域的城市化过程，系统之间互动效应的强弱，使城市形成了从城镇、城市、城市集群，到都市区、大都市连绵带的等级结构。在不健康的城市化中，城乡之间的对立是个人屈从于分工、屈从于他被迫从事的某种活动的最鲜明的反映，这种屈从把一部分人变为受局限的城市动物，把另一部分人变为受局限的乡村动物，并且每天都重新产生二者利益之间的对立。可以这样认为，城乡分离和对立是推动以往城市化的动力，城乡分离和对立因而表现为以往城市化的一般范式，但从时间维度上看，城乡的严重分离与对立必然带来城市病。

城市病就是城市系统走向异化的外化表现，不健康的城市化指经济系统（分工与联系的网络等）碎片化，社会系统（阶级、阶层、社会治理）趋于断裂甚至对抗，生存系统（人的生命的基本保障等）劣质化，文化系统（民族、宗教及狭义的文化、文明等）逐渐解体，生态系统（环境、资源等）瓦解和被破坏。

传统的城市化必然导致城乡对立、差距扩大

联合国的统计资料表明，人口城市化的趋势在不断地加速发展。1950年不到世界人口（25亿）的30%生活在城市；而现在，近一半的人口（25亿）生活在城市；到2025年，估计全世界83亿人口中将有60%生活在城市。这种趋势在第三世界国家尤为明显，同一时期城市的数目增加了6.3倍。

世界银行的研究报告将全世界的城市化分为发展中国家城市化、转型国家城市化和发达国家城市化三个类型。国内知名的区域经济学家、中国区域经济学会理事会副理事长程必定教授在他的新作《从区域视角重思城市化》中提出，仅仅因为大量的人口聚集而形成的城市化，只能称为"人口型"城市化，而不是实质的城市化。由于收入低微和就业机会供给不足，生活在贫困线以下和住在贫民窟里的市民创造新的消费需求和投资需求是十分有限的；当大量农村人口涌入城市，如果城市的基尼系数高达0.6、0.7甚至逼近0.8的时候，一方面是农村的衰败和"沦陷"难以避免，城乡二元结构仍未化解；另一方面则可能在大城市里形成高收入阶层和贫民间新的二元结构。此种传统的城市化是有不利于弥合城乡间和城市内部各社会阶层间的断裂状态的。

广州共辖10个区2个县级市，2010年常住人口1270.96万人，户籍人口数 806.14 万人，其中，农业从业人员 82.09 万人，占全市户籍人口数的 10.18%。2010 年广州市城市居民人均可支配收入为 30658 元，恩格尔系数为 33.3；广州市农民人均纯收入为 12676 元，恩格尔系数为 45.91。城市居民人均收入是农民人均收入的 2.42 倍，农村居民生活水平和生活质量大大低于城市居民。从农民人均纯收入看，2010 年广州低于苏州、上海、北京、杭州等城市；广州城乡收入差距高于苏州、天津、北京、杭州和上海，缩小广州城乡收入差距的任务还很艰巨。2010 年北部山区的花都梯面镇，增城正果镇、小楼镇、派潭镇，从化吕田镇、温泉镇等六个镇户籍农业人口约 26 万人，约占全市农村户籍人口的 31%。六个镇农民人均纯收入 6365 元，仅仅是当年全市农民人均纯收入的 60%，是城市居民人均收入的 23%。北部山区农村居民收入相对贫困状况依然严峻。在路网、水网、电网、通信网、广播电视网这"五网"建设方面，广州城乡间也存在较大差距，教育、医疗等基本公共服务的差距也较大。从这个角度上看，广州也存在较明显的"城市病"，经济系统上表现为城乡间市场、交通、信息网络的碎片化，社会系统上表现为社会矛盾的集聚、社会治理机构的行政化；生存系统上表现为底线民生和基本民生水平过低；文化系统上表现为创造力较低，核心价值不明确；生态系统上表现为环境、资源承载力的急剧下降。

城乡融合、一体发展的新型城市化才能治愈广州的"城市病"

新型城市化的内涵是工业社会和后工业社会的现代城市生

活方式的普遍化,即不论住在城区还是乡村,不论从事何种职业,每一个社会成员都能够享有过上现代城市生活方式的基本权利。因此,新型城市化与传统城市化的区别,一是以人为本还是以物为本,二是质量型还是数量型,三是城乡融合还是城乡对立。

都市区和大都市连绵带是新型城市化的基本形态。当城市集群发展成为都市区和大都市连绵带后,其产业空间结构以"夹工夹农夹三产"为基本形态,城市空间结构以"夹城夹镇夹村落"为基本形态,生态空间结构以"夹山夹水夹绿带"为基本形态。"夹"不是杂乱无章,也不是粗略的功能分区,而是通过错落有致的交错配置,实现人口和产业的双重集聚,实现城乡一体发展,实现以提高国土的承载效率。

因此,新型城市化的根本目标和和双重任务是城乡融合、一体发展,一方面,通过"乡"的升级,"护短"、"补短"、"扶短",在工业化、城镇化深入发展中同步推进现代农业农村的建设。另一方面,通过"城"的转型,即通过旧城再造(郊区化、退二进三、退二还绿),从数量型城市化转为质量型的城市化,其经济系统应形成开放的统一的市场、交通、信息网络,其社会系统应是社会治理高效、社会阶层结构相对稳定、社会和谐有序,其生存系统应能保证高水平的基本公共服务均等化,其文化系统应是多元、包容和具有活力的,其生态系统应具有较强的环境、资源承载能力。

城市结构调整与区域一体化

王 珺

广东省社会科学院副院长、教授

我们讨论城市化与新型城市化,那么什么是城市呢?实际上城市概括起来就是城堡加市场。现在我们讨论城市时,经常都会讲内部怎么样运作,实际上城市是两个方面,内部运作当然要找一个参照系,找一个标准,但是更多的是与外部有很多的交流、互动、协调和产业之间的分工。广州的新型城市化,是不是可以从这个角度考虑?在这方面我们还有很大的潜力,比如说区域一体化对地区产业结构的影响,我在这里以广佛经济圈为例给大家介绍一下。

标准结构与现实经济存在偏差

我们在推进新型城市化的时候,总是希望找一些标准,这个标准一个是经验上的,比如说美国怎么做,欧洲、日本怎么做。另外就是理论上的标准,看看我们的产业、我们的竞争力、我们的创新能力。如果用标准结构,现在一般都是用钱纳里标准结构来观察,标准结构与现实经济一般是存在着偏差的。从2011年广州市人均收入和第三产业的比重来看,广州市的发展还是在标准范围内,但是佛山就已经遇到问题了,人均收入水平已经很高,但是第三产业的比重越来越低了。

有很多地方的"一把手"在现实当中经常会问到这样一个问题,用一般的标准作为一个考核指标,应该怎么来考核、确定我们的指标?比如,我们经常会用第三产业的比重作为考核指标,能不能不要作为业绩指标,不要作为考核指标,只作为参照就行。

这里有一个内在的逻辑,不仅仅是广州可能要面临的问题。我们看珠三角发展规划纲要指标,当时定指标时,实际上是各个市自己报的,当时都估计得比较高,可能现在的发展就不完全和预想一致了。这就提出了一个问题,我们报的指标是与我们的标准结构连在一起的,但是现实出现了偏差,是因为我们发展速度慢了,是因为我们不重视经济了,还是因为我们投资都没有了?不是,重要的原因是地区之间的互动发生了变化。

偏离标准结构有三种类型。一是历史数据的局限,钱纳里的讨论本身是有局限的,比如说当时依据的是50年到70年前的数据,大国外贸占GDP的比重是9%到12%,但是现在无论是中国还是其他国家,很多都远远高于这个数字。我们经常说中国对外依赖重,但是实际上美国对外贸的依赖也远远大于钱纳里的标准。第二是规模有限,中国香港、新加坡这样的地区,也有属于标准结构之外的偏差。第三是分工深化,两个城市之间分工越来越深化,两个地区之间通过产品贸易、要素流动越频繁,每一个地区作为独立的区域来衡量产业结构,偏离标准结构的可能性就会越大。比如,广佛经济圈存在偏离标准结构,实际上就是分工深化的结果。

分工深化使广佛经济圈偏离标准结构

广佛经济圈为什么说是分工深化?区域一体化,简单来说就是一种产品一种价格。当然这里排除了不可流动的因素,比如说土地不可流动,只要可流动的和不可流动的结合起来,就是这个地方的优势。只要可流动,一种产品如果两种价格就有差异,有差异就有流动,没有流动就会一体化。广州第二产业向外转移的同时,实际上金融、批发、零售、旅游、会展等第三产业在向广州聚集,特别是消费能力向广州聚集。第三产业的比重出现了快速上升的势头,不仅仅是广州市1600万人的贡献,恐怕周围、周边的一些城市,向广州聚集消费能力的购买更重要。什么是经济全球化?举一个例子来说,有一个学者做了统计,从1820年到2000年,大概全球经济发展成果的82%是来自于运输成本的降低,18%是政策和关税的减少。

广佛线一期已于9月28日开工,沿线设15个点,2015

年通车。基础设施快速向周边延续,广州的空间向周边发展,远远跨越了原来的行政边界。现在我们讨论问题往往是用行政边界讨论,但是影响力已经远远跨出去了,比如说东莞、佛山,大量的消费能力流向广州,即使佛山也建了很多消费场所,但是大家还是愿意开车到广州买东西,为什么?佛山收入水平和广州基本上一样,但是第三产业和广州相比,差距还是不小,它一定有消费能力外流的情况,流到哪里去?为什么本地留不住?这就是广州市进一步发展的潜力,而且要在更大的范围突破行政建制来考虑这个问题。

广州市的人均收入和第三产业的比重,二者上升的趋势是基本吻合的,但是佛山人均收入上涨很快,第三产业却是下降的。尤其以2008年为拐点,实际上广佛一体也是从2008年开始的,广州第三产业发展快的时候,佛山相对就比较慢,这就是分工深化的过程,这种分工是有利的。如果将这两个地区整合起来,它还是符合趋势的。

由此可以得出结论,广佛地区产业结构和标准结构的偏差主要是由两地分工深化程度决定的。分工深化取决于产品与要素的流动,产业分工越深化,每个地区形成的产业结构偏离标准结构的可能性就越大。不要简单地以标准结构作为"一把手"的考核标准。广州市有1600万人口,如果各区也要按照这个标准,动不动就说人均收入达到13000美元了,第三产业就要在60%,那就糟了。分工是非常重要的,既然大家都承认有分工,我们就应该按照分工的标准来讨论这件事,不能按照一个标准来考察不同的区,更不能用它作为考核标准。

实际上,产业分工在深化两地互动的同时,也弱化了两地各自产业体系的完整性。大家看这个指标好像觉得很简单,但是我们提出的目的,就是让全省在珠三角规划纲要里做出改变,指标不是作为考核指标,而只是作为参照指标。如果让分工深化的地区的产业结构来适应标准结构,无疑是削足适履,否定了区域经济一体化的成果。区域经济一体化是趋势,是分工深化的结果。我们建议不要让各地去建立什么追求小而全的产业体系,进而来抑制区域经济一体化,而是作为一个参照体,不要作为考核指标。广州和佛山作为大城市,他们之间的分工都有可能跟产业结构有偏差,如果区、县,甚至是镇都拿这个标准来说,达到一定收入,就必须第三产业达到60%或者是70%,这些都是不合适的。

海珠生态城：
新型城市化的创新实践

姚奕生

中共广州市海珠区委书记
区人大常委会主任

对品质生活的要求催生海珠生态城构想

2012年2月6日，中共中央政治局委员、广东省委书记汪洋同志听取广州市汇报海珠生态城和万亩果园项目时指出，城市的水平与产业相辅相成，一个城市有什么样的生态环境就有什么样的产业，有什么样的产业就有什么样的人才，生态建设是打造产业转型升级良好环境、提升城市整体竞争力的有效举措。广州市委书记万庆良同志也指出，广州近年来全力改善城市环境，形成了花城广场、广州塔等一些亮点，也有了东濠涌、荔枝湾涌等串成线的亮点，为了让老百姓享受花城、水城、绿城带来的更多快乐和幸福，还必须在面上有所突破。2010年亚运会后，广州市民对宜居宜业的新型城市化的环境有了更多的向往。在这样的背景下催生了海珠生态城的构想，这也是走新型城市化道路的创新实践。

新型城市化就是让市民既能享受城市的好品质生活，又可以享受乡村的山清水秀，能够吃到没有污染的新鲜水果。海珠生态城面积达63.8平方公里、规划建设集会展、商务、总部经济、都市湿地、园林景观、宜居休闲为一体。

现在很多地方都在搞生态城，生态城就是要有生态、有产业、有文化。生态城必须有生态才有魅力。海珠生态城有一个市中心最大的湖——海珠湖，加上万亩果园和征地，共有10平方公里，面积大过纽约的中央公园，可以跟世界一流的中心公园媲美。生态在城市里才值钱，就相当于二沙岛的别墅和乡下农村的宅基地，虽然都是有天有地的二层楼，但是价值完全不一样。生态城光有生态还不行，还要有产业行动力，海珠生态城里有中国的第一展——广交会，还有一批现在"退二进三"的像是联合交易园、TIT创意园、珠影等。此外，光有生态和产业也不行，还要文化有活力。很多城市的生态城是在一片荒土、一片平地上建成的，没有文化底蕴。我们的海珠生态城有海内外闻名的黄埔古港，300年前的粤海关就在旁边，现在新建的小蛮腰旁边就是赤岗塔，文化底蕴丰厚。

四大理念推动生态城建设

我们用什么理念推动海珠生态城呢？首先，用规划刚性理念来明晰各个功能区。三块区域一块搞琶洲会展总部，一块为果园湿地，还有一块启动南中轴，未来广州的行政办公区就设在那里。其次，用以人为本的理念来提升生态城，不仅将生态放在优先的位置，而且将人放在生态之前考虑。我们现在也在探讨在湿地绿轴周边多建一些住宅区和商务区的可行性，大家都认为公园旁边建矮一些就行，其实应该是公园、湿地里不建房子，但在周边多盖办公楼和住宅楼，使市民能更多地享受绿地，提高绿地的可达率。今后对这个区域的考核可以考虑以居民、市民对这个区域的认同感作为指标，不要考核 GDP，而是找一个第三方来考核群众的认可度，把现在和将来鸟的种类、植物的多样性作为生态城最主要的考核指标。第三，用城乡融合的理念来优化城乡二元结构。大拆大建少用、慎用；鼓励不拆不建的，像 TIT，就是腾笼换鸟；还有抽疏置换的，用这三种不同类型的方式，通过产业的转型推动城际转型，使得这个区域里消除城乡二元结构。第四，经济可行的理念，使规划能够落地。我们在基层最痛苦的就是规划做得很好看，通过了，领导也满意，但是落实不下去，最后又只好打回我们这里。规划一开始就要多方参与，好看不好看放在第二位，关键在能不能实施。现在海珠生态城的建设已经在按照预期在进行，目前我们也有信心做到各阶段工作按日期完成，经济要可行，三规要合一。

专题演讲二

创新发展与智慧城市建设

培育围绕智慧城市的创新创业体系
——中国产业转型升级的抓手

朱 敏

浙江大学国际创新研究院院长

什么是智慧城市呢？我们的理解中，智慧城市最关键的就是，通过数据中心对城市运营相关海量信息的实时跟踪、收集和智能分析，再进一步融入各类专家的智慧，形成现代城市解决各种问题的智慧IT科技。现在，大家都知道移动互联网、云计算、物联网这些技术，为我们建设智慧城市创造了非常好的技术条件。

通过比较中国与西方发达国家，我认为西方发达国家实现智慧城市挑战更大。现在奥巴马总统也看到美国智慧城市是非常大的机遇，但是我们认为他的挑战比中国大很多，原因有：第一，美国的城市化早已完成，在已经建好的城市里面难以完全融入智慧城市新的功能;第二,西方发达国家的各行各业已经充分整合,形成了很多的行业寡头,而这些行业寡头又缺乏创新动力,在很大程度上阻止了小的创新企业进入;第三,大量的制造业外移,使智慧IT与制造业的融合难度加大;第四,劳动力成本高,使得他们所提供的智慧城市解决方案成本巨大,不适合大多数国家尤其是第三世界国家广泛应用。

但就中国的智慧城市而言,我们觉得中国在这方面有非常好的机遇:第一,中国的"城市化带动工业化"的发展模式在过去30年里面取得很大的成果,已使我们有了良好的基础;第二,我们在城市化过程里面,有机会把最新的IT科技跟城市建设完美地结合起来;第三,我们在各行业里面还没有普遍形成寡头,所以在各行业里面可以培育出以IT科技为创新元素的领军企业;第四,中国作为制造业大国,更容易在制造业的生产中嵌入新的IT科技,进而带动产品升级。因此,我们觉得中国在最大规模的城市化过程里面,具有把智慧化融入城市化良好的条件与机遇,并能够带动下一代IT产业的发展。

我们看到,在新型城市化与新兴工业化的进程中,中国更有机会在智慧城市建设方面领先世界,通过创造富有中国特色的"制造产品加生产型服务业"模式,提供和谐的幸福生活的样板,并将这种智慧产品与服务出口到全世界,为全世界人民服务。中国也将通过城市化带动智慧城市化,智慧城市带动工业化,实现产业转型升级,如:

——城市化进程中,把智慧IT科技和产品融合到智慧城市中;

——民众可以享受智慧IT科技带来的便利;

——通过智慧IT科技嵌入产品,培养行业领军企业;

——通过产业转型,在智慧城市中培育一批新服务运营商;

——将高智慧、低成本的新服务模式作为模型推广到全世界。

赛伯乐的智慧城市产业布局过程中,正在进行着上面的尝试,比如说智慧医疗,这里面不但有我们的设备、产品和技术,而且有真正的运营解决方案。我们在传统制造业生产制造的设备,包括X光机、B超出口的同时,可以深度绑定云存储、挂号、支付等等这些新的服务,在传统设备产品出口后,再将这些绑定的新型服务外包回来,实现持续稳定的服务出口。这样我们就可以通过科技企业和制造业的紧密结合,将产品和服务同时出口到第三世界国家乃至全世界。这就形成了一个新的出口模式和经济增长点,这也将是我们的一个基本业务模式。

又如我们正在尝试的移动互联网领域的出口合作,也采用了这一业务模式:我们通过移动通信运营商对外出口的基础服务,绑定和输出了金融、医疗、小微企业管理等第三世界国家亟需的智慧城市解决方案。在这个模型下,我们既帮助基础运营商避免重复AT&T等传统运营商的业务缺陷,使他们着眼移动互联网的机遇,与世界级的通信互联网公司接轨,采用传统语音服务导入客户、新型数据服务获取大幅盈利的产品整合、渠道整合模式;同时又带入一大批成熟的数据服务商,形成移动互联产业联盟和完整的智慧城市解决方案。这种优势互补的组团方式,可以凝聚力量,让不同类型的企业共同开拓海外市场,实现多方共赢。

为了进一步加快赛伯乐智慧城市产业的发展,我们现在通过与地方政府合作,逐步形成地方产业园—创投基金—创业者教育的合作规划,以实现地方政府、赛伯乐以及地方科技企业的多方合作和共赢。

在此规划下，我们在地方建立科技园区，吸收赛伯乐所投资的企业在内的智慧城市产业链上的各类公司入驻，促使这些企业形成联盟和优势互补。这些企业的合作，既为当地的智慧城市建设提供全面服务，又可向其他地区或企业输出完整的智慧城市解决方案，实现出口。同时，我们通过在当地发起创业投资基金，扶持园区及地方的优秀科技企业快速发展。值得注意的是，我们为科技企业带来的不仅是资金上的支持，更多地体现在科技企业发展壮大过程中的其他必要资源的导入。例如，我们会同时引入一站式科技创业网络服务平台，为创业者提供企业关系、上市策划、财务法律咨询、政策指引、科研机构合作等全方位的创业服务。此外，我们还致力于科技创业者教育，让他们真正了解科技创业，具备创业过程中的必备知识。我们所倡导的终身科技创业教育，可以助推他们快速安全地跨越创业鸿沟，并在今后的创业过程中快速成长。通过这样的一系列努力，我们最终会为当地打造基于智慧城市产业链的科技创新创业生态系统。

赛伯乐以科技产业园为着力点、以创新科技企业为基础、以优质基金为催化剂、以创业者的教育为特色，为地方培育围绕智慧城市的创新创业体系，打造一批行业内的科技领军企业，形成智慧城市的关键产业链，促进地方产业的转型和升级。

深化协同创新，
推进广州新型城市化建设

章熙春

华南理工大学副校长、教授

新型城市化与协同创新的关系

新型城市化本质上体现为政治、经济、文化、社会四位一体的城市化，集约发展、统筹发展、和谐发展的城市化，坚持以人为本的城市化，其核心是通过实现人口、空间结构的两次转变，吸引优质的人力资本、社会资本、金融资本等多种创新资源要素，并通过循环累积效应加速区域经济社会发展。

无论从新型城市化的内涵，还是发展目标而言，创新是广州发展新型城市化的关键抓手。首先，从新型城市化的内涵而言，科学发展、转型升级、民生幸福，都需要科技创新来支撑、引领与实现；其次，要保持广州发展的核心竞争力，必须以创新寻求新的增长动力，走创新引领的科学发展道路，以创新促转型，以转型促发展；第三，科技创新将成为建设创新城市重要的抓手和突破口。

提升城市创新能力是实现广州新型城市化发展三大理念——低碳广州、智慧广州和幸福广州的重要支撑。通过科技创新，调整经济结构，推动经济发展切实走上创新驱动、内生增长的轨道，进而实现新型城市化发展的三大理念。

在过去广州的创新体系建设方面，我们更多关注的是主体能力的提升，忽视对主体间的协同推进，而这种忽视又制约了创新系统整体效能的提升。突出表现为，广州汇集了全省绝大多数最优质的创新资源，却面临着科技资源优势突出与企业创新活力不强的矛盾。而解决路径在于加强创新主体之间联系，深化协同创新。

协同创新的背景大家都知道，2011年4月24日，胡锦涛总书记在清华大学百年校庆大会上发表了重要讲话，明确提出要全面提高高等教育质量，必须大力增强科学研究能力。要积极推动协同创新，通过体制机制创新和政策项目引导，鼓励高校同科研机构、企业开展深度合作，建立协同创新的战略联盟。

协同创新就是要形成高校、科研机构之间创新资源要素有效整合，发挥系统合力，实现科学前沿引领；建立有效的产学研合作机制，解决和支撑行业发展共性技术与关键技术；实现知识创新、技术创新与产业发展的战略融合，推动产业深化与区域发展。可见，协同创新本质是解决创新主体的"生产关系"问题，以更好地释放创新要素的生产力。

深化协同创新是当前广州新型城市化建设需要破解的突出问题，如何通过协同创新机制将广州优势科技资源转化为产业优势，全面提升广州企业的自主创新能力，实现创新驱动的集约型城市经济增长模式，成为新型城市化要破解的突出问题。

当前协同创新面临的挑战

首先，产学研创新在技术创新体系中的定位不清晰。现在合作重心更多体现在对企业现有产品开发需求方面的解决，而忽视了对关键的共性技术以及企业本身自主创新能力的提升。

其次，产学研协同创新长效合作机制没有建立。广州产学研多停留在两两间的"技术交易"，合作缺乏有效的投入、研发合作知识机制未能形成相互的共同战略关系。

第三，产业技术体系建设与高新技术产业深化发展需求矛盾依旧突出。面对高新技术产业创新发展的科研组织规模小，力量分散；技术创新与知识创新因缺乏有效集成，使得产业深化发展的技术体系难以形成。

第四，由于产学研合作主体对产学研协同创新目标的差异性，使得产学研协同创新市场需求导向不足，研究成果与市场需求存在一定程度的脱节。

深化协同创新的思考

第一，要确立需求导向的科研工作方针。那就是围绕广州新型城市化发展的一些重大科技需求，以及广州市经济社会可持续发展的一些重大问题，通过体制机制创新，引领广东的高校、科研机构把创新资源与广州的创新体系有机结合起来。

第二，建立以创新质量和贡献为导向的评价机制与评价标准。针对不同目标，设计不同评价机制与评价导向。注重原始创新和解决重大现实需求的实效，完善同行评议制度，建立综合评价机制和退出机制，鼓励竞争合作、动态发展。

第三，破解制约科技人员流动的壁垒，推动高校、科研机构、企业之间人才双向流动。建立以任务为牵引的人员聘用方式，增强对国内外优秀人才的吸引力和凝聚力。

第四，以制度设计与政策保障缩小协同创新主体之间的目标差异。一定要有清晰明确的协同创新目标，寻求高校与企业协同创新的目标交集，明确协同创新重点。

华南理工大学在深化协同创新方面的举措

华南理工大学是教育部直属、"211"工程、"985"工程重点建设大学，现已发展为以工见长，理工结合，管、经、文、法多学科协调发展的综合性大学。学校拥有一批相应的重点学科，其中化学、材料学、工程学、农业科学和物理学等五大学科已经跻身国际前列。

"与产业的结合非常紧密，与广东产业结合密切"，现在是华南理工大学相关研究的特点。这些年华南理工大学的科研工作取得比较大的进展，我们科研经费的增长非常迅猛。知识产权工作位居全国高校前列，2011年，有效发明专利拥有量在全国高校排名中排第七位，而且是首批全国企事业知识产权示范单位（全国高校仅四家）。同时，学校科技成果应用及转化率，稳居广东高校首位和全国高校前列，引领了广东高校科技的创新和成果产业化。

当前，学校面向国家和广东的需求，组建了有机发光显示（OLED）协同创新中心、广东高端制造装备协同创新中心等一批协同创新的中心；积极同地方政府共建研究院，服务区域发展，如广州现代产业技术研究院、中山研究院、与东莞市共建华南协同创新研究院等13个科技创新平台。其中与东莞市共建华南协同创新研究院，围绕东莞重大战略需求、解决行业关键和共性技术等经济社会发展中的重大问题，通过市场化的运作机制、社会化的协同机制、目标化的激励和分配机制、多远化的投入机制，采用公司化运行实现与市场无缝对接，全方位服务东莞的产业转型升级。同时，我们积极探索，构建协同创新人才培育模式，学校与华大基因研究院等科研机构协同合作，构建高新技术产业学术创新人才培养模式；与TCL、广汽集团、金山软件、腾讯等行业龙头企业协同合作，进一步强化"卓越工程师教育培养计划"；选派一大批硕士、博士担任研究助理直接参与企业技术研发，促进学校学科交叉型、复合应用型创新人才培养模式的形成，形成共赢的校地（区域）协同局面。

建国家超算广州中心，促新型城市化发展

许跃生

广东省计算科学重点实验室主任
中山大学数学与计算科学学院教授

今天在这里跟大家分享我对广州新型城市化发展与超级计算中心建设关系的一点浅见。

首先，我想谈一下中国的城市化。城市化是农村人口转化为城市人口及城市不断发展完善的过程。我们国家正在经历一场持续发展的城市化进程，预计到2020年，中国的城市化率将达到55%，高速的城市化发展带来了"城市病"的问题。比如，城市人口膨胀，城市基础设施承载力不足；环境恶化，资源短缺，制约城市的可持续发展；产业结构失衡，经济发展水平不均。广州市提出新型城市化发展这个概念，就是为了解决这些"成长中的阵痛"。

构建智慧型城市是新型城市化的一个重要理念，智慧城市的建设对信息技术提出了很高的要求。我们知道，传统的城镇建设大都依山傍水，因为有水，人们才能生存。对于现代城市，水固然重要但已不是维持城市良好发展的唯一要素，信息技术在城市发展中扮演着越来越重要的角色。在城市现代化发展进程中，信息技术基础设施犹如城市的"母亲河"，不仅可以促进当地经济、科技的发展，还可以带动高端人才的发展，辐射周边地区，带动整个区域的科学发展。当然这个比喻不一定很恰当，大家可以探讨，但是信息技术对城市现代化发展的重要性是不容置疑的。

下面结合我科研和教学的专业科学计算，谈一下最近媒介上经常报道和关心的一个话题——超级计算。超级计算是当今各国发展信息技术的重点之一，是一个国家和地区综合实力的重要标志。超级计算能够服务诸多领域，既服务计算密集型领域，如科学计算，也服务数据密集型领域，如多媒体计算、动漫渲染。在智慧政务、城市管理、科学决策等方面，超级计算都起到非常重要的作用。要决策得好，就要考虑很多因素，考虑的因素多了，计算模型就复杂，因此需要大规模的计算。超算能够为这种大规模计算提供支撑平台。

近年世界各国纷纷加大超级计算机的研制力度，国际竞争十分激烈。我们国家在这方面处于世界前列，特别是 2010 年 11 月，天津超算中心的"天河一号 A"在 HPC Top 500 排名中名列第一，中国的超级计算机首次在计算速度上问鼎世界。此后，HPC Top 500 排名情况发生多次改变。今年 6 月份，HPC Top 500 的排名情况再次发生改变，第一名是美国"红杉"，日本的"京"排第二，第三名是美国的"Mira"，第四名是德国的"SuperMUC"，中国的"天河一号A"排名第五。此外，欧洲多个国家已联合建立超算中心；美国今年将部署峰值达到20PF的超级计算机Titan；澳大利亚也将部署多台1.2PF的超级计算机。超算的国际竞争激烈程度可见一斑。

在超算和计算机行内有一个定律叫"摩尔定律"。根据摩尔定律推算，超级计算机的计算峰值到2015年将攀升至100PF。摩尔定律是这样描述的：当价格不变时，集成电路（IC）上的晶体管数目，约每隔24个月（1975年更改为18个月）便会增加一倍，性能也将提升一倍。从1971年到2011年，计算机硬件的发展基本上是遵循摩尔定律。我记得1986年在美国攻读博士学位时，办公室用的计算机是286，到博士毕业时用386，后来是486，然后就是集群，到现在就发展成大规模集群。

全球的超算技术，美国处于领先地位。近年来，中国的超级计算机也取得了举世瞩目的成就。除了"天河一号A"以外，还有若干台在世界排名靠前的机器，HPC Top500排行榜中有74台是来自中国，中国在国际上占很大的分量。在国内，我们已拥有四家国家级超级计算中心，多个地区和高校也建设了超级计算中心。在建的将落户于中山大学校园的广州超算中心的建设目标是在2015年建成的时候实现计算能力达到10亿亿次以上，希望成为世界领先的超级计算中心。目前广东省政府和广州市政府正在规划超算中心的建设，部署超算应用的培育；国防科技大学进行广州超级计算机的硬件研制；中山大学则紧锣密鼓地进行超算中心的各项基础设施建设和人才培养方面的工作。

相对于硬件的快速发展，国内的超算应用及其软件的发展相对滞后。在超算中心建成后，如何最大限度地发挥其作用将成为新的挑战。我们提出了打造超算产业链的想法来促进超算产业的发展。超算产业链是这样的：上游是平台服务提供者，提供与超算相关的硬件和基础软件服务，以及研发各种超算软件；中游是超算专业服务提供者，提供各种专业应用咨询、软件定制、为客户实施超算应用等服务；下游是超算应用直接客户，为其所在产业的产品设计和生产过程提供支持。平台服务和超算专业服务是超算产业链的关键部分，如果它们能够充分发展，超算客户的潜在需求将被激发。因此，我们需要引进和培养跨学科复合型超算人才来加强超算软件的研发和提供超算专业服务。这些人才一方面可从欧美国家引进，另一方面可在我们自己有条件的高校和研究机构中培养。

广州新型城市化的发展，需要超级计算的推动，更需要打破超算发展的运营、应用和人才瓶颈，使超级计算真正成为广州经济发展和科学研究的"引擎"。

建设智慧型城市，
促进新型城市化发展

张振刚

华南理工大学党委副书记、教授

我国正在进入城市社会，未来城镇化和城市化的步伐会更快，这个判断基于三点：一是加快城镇化发展，提高城镇化发展水平，已经成为国家的发展策略；二是经过三十年经济高速发展，国家奠定了坚实的财政和经济基础；三是中国钢铁工业迅速发展，去年年产钢铁9亿吨，生产钢铁占全世界50%，这为城镇化提供了重要的建设保障。当然，城镇化也带来了一系列问题，包括社会管理、社会建设、经济持续发展、技术支撑、空间品质、生态发展等问题。比如说老龄化问题，过去的三十年是伴随着人口红利发展，那么未来的十年，我国的劳动力人口，比如说18－22周岁的人口将持续下降。这时，我们在进行城镇化建设的过程中,面临两个问题:一是在人口红利还没有结束之前,如何加快城镇化建设,加强城市基础建设?二是我们应当建设怎样的一个城市,如何提高城市建设和发展水平,使得我们的城市变得更加美好?

智慧城市的基本内涵

现代先进高效的通讯技术和设施,为我们的城市建设和社会管理的智能化和智慧化提供了重要技术手段。中国和世界的许多城市如首尔、东京、上海、广州、南京等,都提出了智慧城市建设的计划。2009年8月,温家宝总理提出"感知中国"。智慧城市的建设在中国逐渐成为政府的一个共识。智慧城市是一种充分利用城市信息系统和通信技术对城市基础设施和服务进行规划、设计、投资、建设、管理和运作,促进城市政治、经济、科技、教育、社会、文化和生态环境协调发展,促进人们生活质量提高的城市发展状态。

智慧城市的建设和运行主要包括三个方面:第一,感,就是通过物联网、互联网的建设,利用各类随时随地的感知设备和智能化系统,对城市管理各方面进行全面监测感知、智能识别,立体地、全方位地感知城市环境、状态、位置等信息的变化,获得一手资料和数据;第二,知,就是进行数据挖掘,对感知数据进行融合、分析和处理,并能与业务流程智能化集成;第三,行,就是根据相关法律法规,主动响应,促进城市各个关键系统和谐高效地运行。

智慧城市从规划的理念来理解,是一个广义的概念,是建立在信息技术、通信技术、计算机技术基础之上全面感知，同时又要充分尊重人的存在和需要，遵循城市发展的客观规律，在这个基础之上让我们的城市可持续发展，环境更加友好，经济更加低碳，生活更加幸福。智慧城市的建设应该包括两个导向：第一，技术导向，通过技术基础设施建设，提升"感""知"的效率、水平和质量，使我们的城市更加智能化；第二，管理导向，通过体制创新、机制创新、文化创新，加强社会管理，满足人的需要，使得智能化的"感""知"能够更好地促进城市建设与运行，发展"行"的服务，使我们的城市更加智慧化。

智慧城市，不是静态目标的宣言性的描述，而是应用现代综合技术和公共政策解决城市发展问题的动态概念，其目标就是要使我们的城市更加高效、安全、便捷、生态和可持续发展。

智慧城市的概念框架

我们认为，智慧城市总体上的概念框架，可以用三层次（理念层、活动层、物理层）和五体系（城市战略体系、社会活动体系、经济活动体系、基础支撑体系、城市空间体系）来概括（图一）。

第一层是理念层。所谓理念层就是理念系统，就是首先要构建城市的战略体系，包括城市发展的美好愿景、明确目标、神圣使命、基本价值观和主要任务，这在智慧城市的规划、建设、运行和发展中，是一个非常重要的核心内容，起着引领作用。

第二层是活动层。活动层分为社会活动系统和经济活动系统：社会活动系统建设的关键在于通过社会建设，完善、健

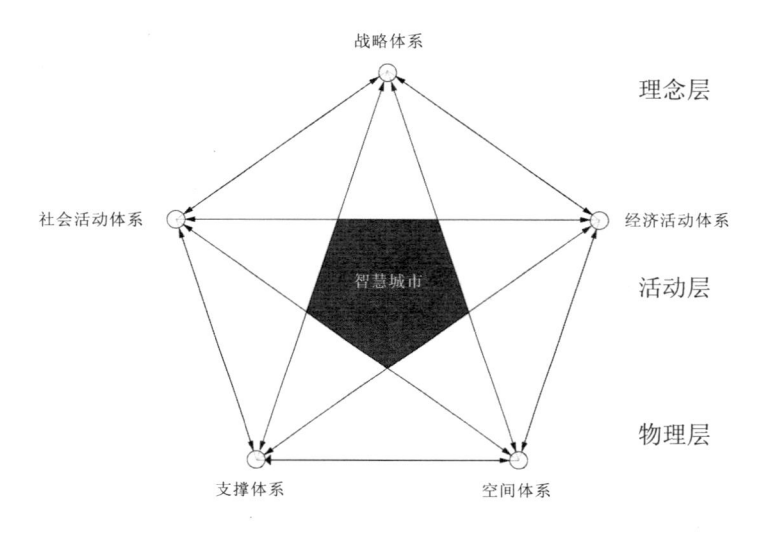

图一 智慧城市的概念框架

全自组织能力更强的社会生态系统。经济活动系统建设的关键在于如何有效地构建和发展体系更加健全高效的产业链、价值链和创新链。由于通信技术的高速发展,我们的社会活动系统和经济活动系统能够有机地交织在一起,人们的分享、交流、互动、沟通从而有了更便捷的渠道和方式,政府的管理也增添了许多新的手段和方法。例如,广东省已经实现了70%的网上业务办公。但是,技术发展使城市的管理变得更加复杂,例如,市民的隐私如何保护等问题将成为智慧城市建设必须面对的挑战。

第三层是物理层。物理层包括支撑体系和空间体系:支撑体系由教育、医疗、公交、水电气、产业等基础设施和基础条件等基本要素组成;城市空间体系由城市规划、布局、生态、环境等要素组成,其建设目的在于建设生态化程度高的城市形态。

总而言之，智慧城市就是要构建以人为本、科学性强的战略发展体系，自组织能力强的社会活动体系，创新性能力强的经济活动体系，智能化程度高的基础支撑体系，生态化程度高的城市空间体系。智慧城市的建设是在着力发挥城市建设和管理智能化的基础上，极大地满足人的全面发展，全面尊重人的个性需要，应对城市社会面临的挑战，更智慧地应对转型和发展问题，协调、可持续发展的一种状态。

广州推进新型城市化建设的实践

2012年10月，中共广州市委、广州市人民政府做出《关于全面推进新型城市化发展的决定》。这是一个非常有前瞻性、科学性、建设性，又有操作性、针对性的重要发展方略。这个发展方略，我们尝试从理论上，将其分为三个层次、五个体系（图二）。

（一）**战略层** 广州市新型城市化发展战略体现在"六个新"：新理念、新抓手、新动力、新品牌、新布局和新生活，这是很重要的战略构思。低碳、智慧、幸福广州新理念，战略产业、基础、平台新抓手，人才、知识、创新发展新动力，花城、绿城、水城生态新品牌，一都会、二新城、三中心新布局，健康、文明、富裕、和谐新生活，这六个新是广州市委市政府在充分征求意见、征询民意的基础上提出的发展战略，也是广州的全民共识。在整个战略规划中，体现了充分发挥人的智慧、建设智慧广州的理念。

建设智慧型城市，促进新型城市化发展 **109**

```
         • 提升市民综合素质           战略体系         • 低碳、智慧、幸福广州新理念
         • 营造人才发展良好环境                        • 战备产业、基础、平台新抓手
         • 提高基本公共服务水平                        • 人才、知识、创新发展新动力
         • 健全社会管理体系                            • 花城、绿城、水城生态新品牌
         • 建设包容性城市                              • 一都会、二新城、三中心新布局
         • 建设法治服务型政府                          • 健康、文明、富裕、和谐新生活
         • 规范市场经济秩序
         • 建设廉洁广州

社会活动体系                                                         经济活动体系
                                智慧城市                    • 建设国际商贸中心
• 增强城市综合承载力                                        • 建设创新型城市
• 建设国家超级计算                                          • 加快产业转型升级
  广州中心和若干云计                                        • 打造平台型经济
  算中心，构建枢纽型
  国际信息港。
• 建设一批智慧城市                                          • 培育世界文化名城
  管理平台，加快实现                                        • 南沙新区、东部山水新城
  政务服务、公共安全、                                      • 花都、从化、增城三副中心
  应急管理、交通等领                                        • 推进低碳发展
  域的管理智能化                                            • 加强环境保护
                             支撑体系       空间体系
                        中共广州市委   广州市人民政府
                        关于全面推进新型城市化发展的决定
```

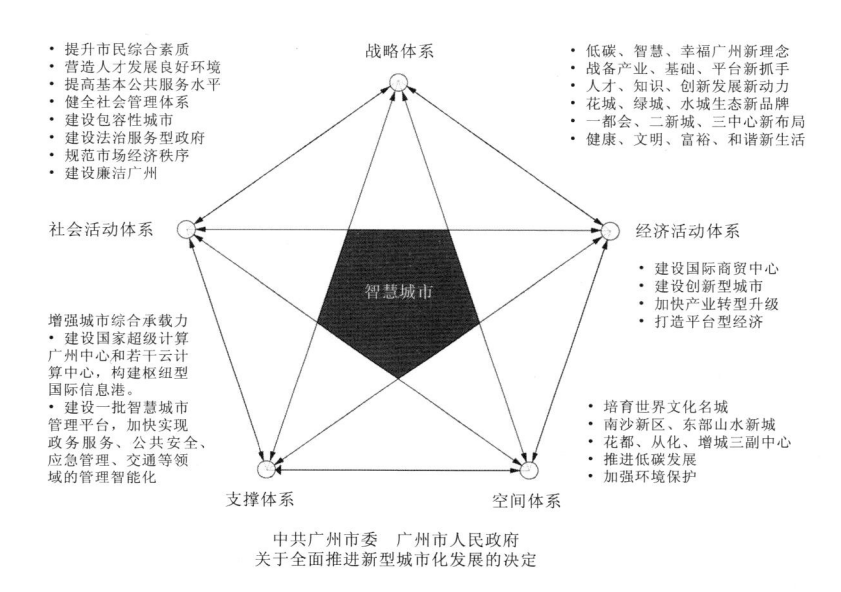

图二　广州建设智慧城市，推进新型城市化发展体系建构

（二）**活动层**　一是社会活动体系。《决定》从提升市民综合素质、营造人才发展良好环境、提高基本公共服务水平、健全社会管理体系、建设包容性城市、建设法治服务型政府、规范市场经济秩序、建设廉洁广州等八个方面，就如何构建健康、和谐、幸福的社会生活体系进行论述。二是经济活动体系。《决定》从建设国际商贸中心、建设创新型城市、加快产业转型升级、打造平台型经济等四个方面，对经济发展进行谋划和统筹。

（三）**物理层**　一是支撑体系。《决定》从增强城市综合承载力等方面，就建成国家超级计算广州中心和若干云计算中心，构建枢纽型国际信息港，建设一批智慧城市管理平台，加快实现政务服务、公共安全、应急管理、交通等领域的管理智能化进行了系统设计。二是城市空间体系。《决定》从培育世界文

化名城，建设南沙新区，东部山水新城，花都、从化、增城三副中心，推进低碳发展，加强环境保护等方面进行规划。

可见，广州在推进新型城市化发展、建设智慧城市的实践中，拥有一个科学的发展理念，提出了一个清晰的发展战略体系，谋划了一个完整的社会活动体系、经济活动体系、城市支撑体系和城市空间体系。我们相信在这样一个宏大的战略计划和行动方案的统筹指引下，广州一定能够建设得更加美好。

总的来说，智慧城市的建设就是要以清晰的战略来引领发展，以主流的文化促进融合，以积极的参与汇聚力量，以强大的产业夯实基础，以优秀的队伍保证建设，以强大的平台推动创新，以健全的机制提供保障。

建设创新城市应该强化四大创新力

董小麟

广东外语外贸大学原副校长、教授

我认为新型城市化道路就是创新的道路，创新力是我们建设新型创新城市的总开关。广州市应该重点抓"四个创新力"：企业创新力、产业创新力、文化创新力、管理创新力。

一、企业创新力

广州的企业创新存在一定的弱项，我分析 2011 年国家发明专利的申请受理和授权两个数据，广州市在国内都只是排在第七，跟它的 GDP 排第三是不相称的。重要原因是我们的企业没有成为创新的主体，企业数量虽然多，但大多都是一些传统产业中的小企业，大中型企业比重小，整个企业格局没有形成一个很好的金字塔状态，企业规模和实力缺乏梯队。

2010年公布的数据，全国规模以上工业企业中，有创新活动的企业所占比重，全国是11.6%，广州只有6.9%；其次是全国大中型企业，有创新活力的是37.1%多，而广州只有30.3%。就是说作为一个大城市，广州的企业科技创新活动的比例低于全国平均水平，那是一个很值得关注的现象。所以一定要切实把创新的重点放在企业层面，这涉及经济发展的后劲。

二、产业创新力

我们产业的创新问题，一是抱团不足，联合创新机制基本上没有发挥什么作用，就是我们的行业组织可能比较软弱；另外是产学研之间的合作，特别是一些涉及科技孵化的环节可能还有待加强。在一些新兴产业当中，我们把信息化这一块抓住，但我们其他也要抓，比如讲新型能源、海洋产业等。广州南沙作为国家级新区，应该把临港经济／海洋产业抓起来、带动起来，因为这一块的研究与开发的力量，就广东而言，还是广州最强。广东是中国海岸线最长、目前海洋产值最高的省份，对于省内其他地方，特别是粤西现在以发展海洋经济为新的经济增长点的时候，我们应该主动去联合、去争取这方面的资源，引导那些研发机构的总部和一些海洋产业的总部放到广州来。

传统产业方面也应该加强创新。广州2012年上半年以来财政收入总体趋紧，增长的比例很低，这在一定程度上跟房地产业有关系。房地产及其关联产业，原来在地方税收当中占40%多，它的放缓直接影响地方财政。其实像这种产业都应该是可以创新的，就是说它不应该满足于只做住宅和商业地产，应该进一步做"工业地产"、做产业园的地产，等等，像这些领域如果开拓起来的话是可以创新的，包括管理制度和管理技术的创新。

三、文化创新力

总体来说广州的文化还是比较务实、低调、不张扬，但是这个文化观念同时也有另一面，就是容易转化为小富即安，不敢冒风险。而北方文化的气魄和江浙思维的缜密，都是我们应该学习的。所以下一步应该把文化创新和科技与管理创新结合起来，用文化创新来带动经济的创新。

比方说我们讲美国的可口可乐为什么成功，因为里面融入了美国的文化，美国二战以后派到欧洲的部队，那些当兵的开始都不安心，整天想家，当时美国驻军司令部就向国防部提出，要把可口可乐作为军需品放进去（当时可口可乐尚未在欧洲生产），运往欧洲，美国士兵喝上它，就找回了美国精神和美国文化的感觉。但是我们广州有多少产品能够使大家感觉到代表广州文化呢？它们有没有在不断创新中做大做强呢？事实上，文化底蕴越强的产品越有生命力，经济活动必须上升到文化层面才更有可持续发展的能力。所以文化创新如何与我们的经济结合，与产品结合，与我们的管理结合，是我们要做的主要工作。

四、管理创新力

管理的创新很重要,希望我们进一步加强管理团队建设。广州有内地最早的五星级酒店,但是至今我们的酒店管理经验有多少能够具备输出的能力呢?我们的某些大酒店,尽管产权是自己的,但还要请外籍人士和外国公司来管理,就说明我们三十多年来还没有学会酒店的管理。如果我们在这类服务业领域能够培养出色的管理队伍,我们靠输出管理品牌和管理人才,就完全可以争取更多的利益,可以在国内外把"广州服务"打响。

还有一点就是,很多企业没有注意到管理领域其实也是可以通过研发创新而申请专利的,我就看过国外企业在营销环节中申请的一些专利。

此外,我们在一些政府的管理环节中,也应该考虑一下新的思维。例如一些学者一直在讲城市化过程怎么解决农民工的问题,我认为这不是广州的核心问题,千万不要把解决农民进城作为广州城市化的重点。城镇化,应该是金字塔型的结构,镇、县和其他二三线城市,农民进城的成本更低,应该吸纳他们中的绝大多数。像广州这种国家中心城市的城市化,应当成为中产阶级成长的摇篮,必须把中等社会阶层做大做强,才能使广州更好引领发展的方向,这是我们广州的历史使命。农民工进城不管有多少个亿,如果广州不考虑城市间的分工,把自己这个接纳任务看得很重的话,那我们就会怎么样?我们的财力是负担不起的。我们需要一部分这样的人进来,因为很多工作广州本地的居民可能不愿意干,需要他们进来这是不可缺少的，但是这个量不是越大越好，这个是千万要注意的。否则我们中产阶级做不大，我们城市创新能力必然是减弱的。

对城市管理我再举另外一个我有深切体会的例子，为什么大学城当时要搞集中供冷？在长距离输送过程当中消耗多少能源，为什么当时不搞新能源，不搞太阳能？大学城当时的校园建筑全部是限高的，所以所有的楼顶都是没有遮挡的，本来搞太阳能有最好的条件，结果却是高耗能的送冷送热过程，供应商叫嚷亏本，学校承担不了，师生也不满意。所以我希望我们能够解剖一些案例，反思一下城市管理的创新问题。

广州建设智慧城市的实践和策略

谢学宁

广州市科信局局长

走新型城市化道路是市委、市政府落实科学发展观的伟大实践，是准确把握当今世界发展潮流、城市演进阶段和民生需求，建设经济低碳、城市智慧、社会文明、生态优美、生活幸福的世界先进城市的重大战略布局。

建设智慧城市是走新型城市化道路的重要落脚点

智慧城市是依托物联网、云计算、移动互联网等新一代信息技术，推动城市基础设施智慧化、规划设计科学化、运行管理精细化、公共服务普惠化、产业发展现代化，实现城市高级化、高效化。建设智慧城市一要立足于解决城市发展的问题和瓶颈，推动城市发展模式向资源节约型、环境友好型转变，向城市管理模式精准化、智能化转变，破解人口发展、民生改善、资源调配、环境保护、交通管理、社会稳定、城市安全等难题；二要立足于抢占城市发展制高点，运用新技术、新方法、新理念，构建创新驱动、高效的城市运作管理模式，发展创新活力强的产业集群和业态，引领数字化生活时尚，形成新的经济驱动引擎和城市治理与城市协同模式。从这个意义上，我们认为智慧城市建设是广州从区域中心城市向世界城市、从赶超型城市向领先型城市迈进的重要依托，是新型城市化的重要落脚点。

广州具备建设智慧城市的基础条件

任何事物的发展有其自身的规律，智慧城市建设既要解放思想，敢想敢干，也要实事求是，尊重客观规律。我们认为，广州建设智慧城市具备了必要的基础条件，在许多领域做了积极探索和实践，取得了明显成效：

（一）**经济发展实力强**。广州作为国家中心城市，综合经济实力连续23年居全国大城市第三位，2011年实现地区生产总值（GDP）1.23万亿元，第三产业贡献率超过60%，人均生产总值（GDP）突破1万美元。信息产业成为国民经济重要的支柱产业和增长引擎，2011年全市规模以上电子产品制造业产值达到2025亿元，同比增长11.5%，软件和信息服务业收入达到1750亿元，同比增长25%。按照国际准则，广州已经进入工业社会向信息社会转型的过渡阶段，为智慧城市建设奠定了基础。

（二）**信息化发展水平高**。市委、市政府高度重视城市信息化发展，特别是近年实施"信息广州"战略，推进国家级信息化和工业化融合试验区建设，信息化综合发展指数达0.946，跨入全球中高水平城市行列。主要表现在以下几方面：一是现代信息基础设施达国际先进水平。作为国家电信网、互联网三大枢纽，广州互联网国际出口带宽占全国58%，实现光纤到楼95%，家庭宽带普及率超过70%，建成无线局域网（WLAN）接入点13.8万个。二是信息化应用普及率高。基本实现政府网上办公，建成了覆盖市、区、街道、社区的电子政务网络，全流程政府服务网上办理事项287项。企业电子商务应用普及率达72.3%，网商综合指数排名居全国第一，2011年全市重点企业网上交易额7731亿元。互联网普及率达80%，居亚洲先进城市水平。

（三）**智慧广州"五个一"示范工程取得阶段性成效**。一页（市民网页）累计开户量226.7万，提供交通违章、社会保险、公积金、水费、电费、燃气费、移动话费、电信话费等8大类民生信息订阅服务和287项网上办事事项；一卡（社会保障市民卡）实现了在社会保险、医疗卫生、住房公积金、老年人优待、图书借阅、金融等8个业务领域的应用，申领人数达247万人；一库（城市海量信息资源库）建成涵盖1723多万自然人、116万机构和个体户资料的基础信息库，面向47个政府部门提供20项专业应用，促进了部门间的信息共享与业务协同，应用成效全国领先；一台（公共支撑平台）建成了电子政务云计算服务示范平台，支撑了公务车管理系统、市党政机关邮局等9

个项目，承载了 10 个委局 15 项信息化应用系统；一城（天河智慧城）完成了天河智慧城的总体规划和顶层设计，加紧推进智慧社区、智能交通等重点项目建设，集聚了一批智慧产业龙头项目和龙头企业。

（四）信息化法制环境比较完善。 近年来，广州不仅出台了一批高规格的信息化规划、政策等文件，还通过地方立法，出台了《广州市信息化促进条例》，以及公共安全视频系统、市民卡、政府信息共享、数字证书等政府规章和规范性文件，为规范智慧城市建设提供了良好的环境。

广州建设智慧城市的努力探索获得了认可，先后获得 2011 中国城市信息化卓越成就奖、2012 年全国智慧城市领军城市等荣誉。可以说，广州建设智慧城市水到渠成，是城市信息化发展阶段的必然提升。

建设智慧城市的思路和策略

我们的基本思路是：围绕破解制约广州城市发展的瓶颈问题和抢占发展制高点，统筹推进，试点先行，重点突破，充分利用国际国内资源，构建以智慧新设施、新技术、新应用、新产业、新生活为核心的智慧城市"树型"框架，以新技术、新设施催生新应用，以新应用带动新产业和创造新生活，推进城市数字化、网络化和智能化，建成智能技术高度集聚、智能经济高端发展、智能服务高效便民的先行示范城市，推动形成绿色、智能、可持续的城市发展新模式。

（一）建设一批智慧新设施，植好智慧城市"树根"。 一是大力推进智慧型信息基础设施建设,建设国家级超级计算中心、城市大数据信息资源库、一批国际云计算中心和数据中心,推进光纤到户、无线城市、新一代宽带移动通信网络等宽带网络工程,提升广州信息通信枢纽功能。二是加快推进城市重要设施的智能化改造升级,重点实施智能交通、智能港区、智能空港、智能电网、智能水网、智能气网、智能供气等城市重要基础设施智能化工程。

(二)突破一批智慧新技术,养好智慧城市"树干"。在物联网、云计算、新一代通信网络、移动互联网、高端软件、智能终端、大数据、高性能计算等前沿领域突破一批核心共性技术,拥有一批国际水平的自主知识产权,实现成果转化应用,提升自主创新能力。

(三)发展一批智慧新产业,壮大智慧城市"树枝"。培育发展软件、物联网、互联网、高端电子等新兴智能产业,实施智能产业企业扶大做强计划,培育发展一批名牌智能产品;大力推动传统优势产业智能化,实现工业研发设计、生产过程、管理营销服务智能化,发展智能化装备、智能物流、智慧金融;加快中国软件名城和亚太地区电子商务中心建设,着力打造智慧型产业群。

(四)推进一批智慧新应用和创造一个智慧新生活,丰满智慧城市"树叶"。加快推进天河智慧城、南沙智慧岛、中新广州知识城、数字家庭(番禺)示范区、黄埔智慧港城、智慧乡村等一批示范点建设,发展一批智慧教育、智慧医疗、智慧社保、智慧人才、智慧社区、智能家居等智慧民生服务,推进电子政务服务、城市智能化管理,探索创新网络管理服务新模式。

推进智慧城市建设的措施建议

（一）**加强统筹规划**。开展智慧城市顶层设计，统筹协调信息基础设施和重大项目建设，将信息通信管道、移动通信基站等纳入城市规划。完善智慧城市的法制环境，推广电子证照作为法定办事依据，加快制定光纤到户，通信管道和基站、政府信息共享与利用，信息安全管理等政策文件。

（二）**建立推进机制**。依托市科技和信息化工作领导小组，建立高层次的智慧城市联席会议制度，研究解决推进智慧城市建设过程中的重大问题。加大推进力度，由市领导牵头负责市政府确定的跨部门重大项目。明确工作分工和责任，建立智慧城市评价指标体系，纳入全市科学发展成效考核。

（三）**理顺管理体制**。探索建立适应高度协同发展的信息化管理机制，推行首席信息官（CIO）制度，试点先行、分批推进，建立双重管理或集中派驻的政府首席信息官的运作机制，提高信息资源整合和协同能力。推行电子政务集约化云服务模式，健全网络与信息安全协同管理机制。

（四）**制定标准规范**。推进智能化城市管理系统工程顶层设计，完善智慧城市的技术标准体系，推动建立光纤到户、通信基站、通信管道、信息安全和智慧城市应用等关键领域的技术标准规范。

（五）**强化创新引导**。通过市财政信息化资金重点保障智慧城市重点项目建设；在市科技经费中安排智慧城市建设重大专项，支持智慧城市核心技术攻关和重大应用。发挥战略性新兴产业发展资金对重大成果和应用转化、重大智慧发展平台建设的引导作用。采取试点首购、产业链联动应用等措施，推动核心技术产业化和应用试点示范。

（六）**加强培训宣传**。将"智慧广州"建设理论和实践纳入干部培训计划。结合智慧城市重大工程和重点产业，推动校企联动培养多层次人才。利用科技活动周、智慧城市论坛、就业培训、社区服务等平台，开展多种形式宣传体验，普及智慧生活模式。

坚持创新发展之路，打造知识经济高地

李红卫

广州开发区管委会副主任
中新广州知识城管委会副主任
萝岗区人民政府区长

众所周知，世界经济发展经历了几次产业革命浪潮，每一次产业革命都是以创新为引领和推动。当前，以知识经济为代表的新一轮产业革命正在全球兴起，迅速改变我们的生产方式和生活方式，成为推动城市化发展的新引擎。顺应新一轮产业革命浪潮，广州市委、市政府提出走以经济低碳、城市智慧、社会文明、生态优美、生活幸福为内涵的新型城市化道路，完全符合当今城市发展的规律和潮流，对于广州建设国家中心城市、世界文化名城、国际展览中心，具有十分重要的意义。

下面请允许我结合广州开发区、萝岗区的发展历程，与各位领导、各位专家分享广州开发区创新发展的实践之路。"开发区"本身就是改革开放初期创新发展的产物，也是创新发展的主力。由此，广州开发区成立后，在广州市的创新发展中也承担了更多的历史使命与历史责任。

广州开发区、萝岗区创新发展的历程

广州开发区成立近30年来，从早期以加工制造为主导产业的外向型工业园区，到近十多年来以科技创新与先进制造业相结合的科技园区，直至当前和未来以知识密集型服务业为主导的知识经济城区，我们每走一步，每一次新的跨越，都是在创新上做文章、谋出路。大概每隔五年，广州开发区的发展就经历着一次从量变到质变的变革与创新。从1984年年底奠基到20世纪90年代初，五年左右的时间内，在珠江口边上，初步形成了以安利、宝洁等日用化工及食品行业为主导的经济技术开发区，成为全国经济效益最好的开发区之一。

经过五年发展，原经济技术开发区几平方公里的土地开发完了，就向外扩张，开始了以汽车配件、不锈钢等为主的第二轮发展，这时产业已经在转型中了。到20世纪90年代末期，我们开发建设科学城，更多地转向以电子信息、新型技术为主的高新技术产业，成为广州高新技术产业开发区的核心园区。

2002年，我们率先推行"四区合一"管理模式（广州经济技术开发区、广州高新技术产业开发区、广州出口加工区、广州保税区"四区合一"统称"广州开发区"）。2005年，依托广州开发区设立了行政区萝岗区，形成了精简高效、亲商为民、务实创新的行政管理体制，这本身在全国都是一个创新。

在当前世界经济的洪流中,如何创新发展知识经济,在全球范围内都是一个值得探讨的重大课题。2009年,汪洋书记与新加坡前国务资政吴作栋先生共同倡导提出,由广州开发区与新加坡联合打造一个新的以发展知识经济为主的平台。这就催生了中新广州知识城:一个即将建设成为广州、广东转型升级,参与国内外竞争的重要平台。从知识城的发展定位看,核心就是"三高":发展高端产业、聚集高端人才、提供高端服务。从知识城的建设形态看,毫无疑问它是一个"生态城市",就像天津与新加坡合作的"生态城"一样,我们也是要求绿色建筑必须在80%以上;同时它又是一个"智慧城市",我们跟新加坡一机构联合编制了智慧城市总体规划,现在已经开始实施。从发展知识经济的核心要素看,第一,知识城要建设成为世界一流的学术交流中心和教育枢纽;第二,要成为全球知识产权的交易市场和展示中心,因为对知识产权的保护决定了一个区域的知识经济的发展,这是一个很重要的标志;第三,要成为全世界最先进的科技成果展示中心,就是全球最新的科技、最新的产品能够在这里得到展示。

总的来说,广州开发区一步一步创新发展到现在,进入了发展知识经济的历史时代。

广州开发区、萝岗区创新发展的实践

近年来,广州开发区、萝岗区积极从以下几个方面推进创新发展。

一、积极打造创新发展平台。没有一流的发展平台,就没有高端产业和一流人才的集聚，更无法提供高端服务。因此，近年来，我们致力于建设"两城一岛"战略性发展平台，不断完善基础设施与配套设施的建设。"两城一岛"即中新广州知识城、广州科学城和广州国际生物岛。目前，知识城规划建设实现了良好开局，已经引进70多个高端产业项目；科学城已经是广东省重要的创新引擎，正按照成为世界级研发中心的要求加快建设发展；生物岛按国际一流标准全面完成了基础设施建设，将建设成为世界级生物产业技术创新与服务基地。

二、不断构建链接全球的开放型创新体系。构建开放型创新要素体系、链接全球的协同创新体系、国际化的知识产业体系，是增强创新动力的重要基础。我们制定实施了"1+10"的创新政策体系，率先建成华南地区首家创新驿站区域站点，与世界各地的高校和研发机构建立了合作关系，打通了获取全球创新资源的渠道。我们将进一步拓展国际创新合作空间，努力打造成为具有全球影响力的开放型创新枢纽。

三、大力发展创新型产业。我们正在探讨知识经济发展的主力机构是什么，知识经济的主导产业是什么。为此，我们与美国兰德公司合作开展了知识城创新体系研究。同时，我们组建了一批产业联盟：一是推进建立了电子商务产业联盟；二是最近成立了智慧城市产业联盟，把神州数码、安居宝等一系列与智慧城市有关联的企业聚集在一起，通过一两个机构主导推进智慧城市产业发展；三是成立了一个文化创意产业联盟，这跟知识经济的发展是紧密相连的。

四、持续引进和培育创新型人才。萝岗区是国家海外高层次人才创新创业基地，目前全区聚集中央"千人计划"人才

19 名,入选广州市创新创业领军人才"百人计划"28 名,广东省创新科研团队 3 个,形成了招才引智的品牌效应。开发区、知识城的发展,要有一流的人才作为区域创新和知识经济发展的智力支撑。因此,当前一项重要的工作是为高端人才提供更好的宜业、宜居环境,以期形成人尽其才、人尽其智的良好氛围。

五、加快构建科技金融体系。无论是文化创意,还是科技创新,都要充分发挥金融的催生作用,实现倍数的增长。我们围绕创新型企业成长路线图,提供全过程全方位投融资服务。我们设立了创业投资引导基金和科技担保资金,推动 27 家科技企业上市融资,最近又挂牌成立了广州股权交易中心。我们将加快建设金融创新服务区,为知识经济发展提供强有力的金融支持。

六、深入营造法治化国际化的营商环境。要从政府流程再造入手,简化办事程序,提高办事效率,其中很重要的内容是推进"电子政府"的建设;要进一步梳理和完善经济技术开发区、高新技术产业开发区、出口加工区、保税区的有关管理制度,提高政务服务水平。我们已经营造了开发区特色、投资者青睐的良好的营商环境,还要把法治、效率、公平的理念贯穿到政务服务的全过程,形成与国际接轨的办事规则和营商环境,建成国际一流商务区,为企业、为居民提供更好的服务。

专题演讲三

城市治理与幸福广州建设

新型城市化要从管理向治理转变

韩冬雪

清华大学马克思主义学院副院长、教授

  我国大城市发展带来的人口环境和资源方面的矛盾日益严重,成为一个迫切要解决的问题。我们把它称之为城市病,需要在城市建设规划、环境保护治理机制和社会管理等具体领域进行深入的理论和实践探索。

  实践必须有理论的指导,这样才能有效地处理好大城市高度扩张和国家整体发展之间的矛盾,使大城市真正能够成为内部和谐、具有高度包容性、引领社会改革和全面发展的有力引擎。

大城市治理理论：从管理到治理

治理和管理虽然只是一字之差，但是其中蕴含着深刻的含义。过去的管理、统治，具有鲜明的行政色彩，是行政机关通过行政权力和法律的方式，对公共生活领域进行管理和调控。实践证明，行政机关本身毕竟不是一台精密的机器。在面对社会发展所带来的多重压力时，政府在管理领域中的作用往往是非常有限的。这就要求人们去重新审视管理内涵的缺陷。

治理的概念则意味着在制度和法律的框架下，政府、社会、公民三个方面通过互动、协调进行治理的机制，它是一种多元的关系网络，改变了传统社会管理自上而下的单向的性质。治理这个概念，从某种意义来讲，注重了公民的参与，注重了公民的权利，因此带有更多以人为本的色彩，并且超越了传统的行政管控的内涵，以协调、互动和服务作为它的核心关键词。

近年来，随着我国建设服务型政府目标的提出，治理的概念已经为大家所广泛接受。但是在具体的实践中，特别是大城市治理高度综合性的领域，往往还是停留于表面。这里面既有我国社会发展的阶段性的原因，也受到我国传统政治历史因素的制约。但是更多的还是来自于行政制度的制度性制约，例如大城市行政管理、制度设计存在着缺失，政府职责重叠和划分不清，社会资源、利润分配机制不合理等。其关键在于，一些制度设计无法适应从单一管理向治理主体多元化这种角色的转变。

建立政府、公民和社会之间的沟通机制和信任渠道，主动发展这三者之间的协调关系，这是一个必须要解决的问题。正是由于这些问题没有很好地解决，导致我们目前城市病愈发严重，无法充分满足市民对生活质量提高和保障权利的需要，市民对区域的归属感和生活的幸福感都不强。这些问题的出现有待于我们对治理社会、参与性内涵的充分重视和发掘，使政府和社会在协作中各显其能，各尽其责。

发达国家大城市治理经验

最近几年，我们考察了一些主要的发达国家，了解了他们的治理经验教训。我们发现，中国今天所面临的这些问题与一些发达国家曾经经历的过程、现象十分相似，因此从这些国家的发展经验中汲取可借鉴的内容，对于我国城市治理水平具有重要的启发性意义。有这样几条主要的经验：

（一）**发挥政府职能与市场机制的合力**。我们这里面强调的不仅是政府的作用，我们还要发挥市场机制的作用。这些国家公共管理改革的公共选择理论、新公共管理理论和治理理论，都鲜明地提出了用市场竞争机制来弥补政府单一主体在提供公共服务方面的不足。事实上，在一些较多地依靠市场手段进行社会管理的国家，政府向企业和民间组织购买公共服务产品已经十分普遍。但是我们要注意，引入市场机制不能简单地等同于公共服务的私有化。这两者之间是有差异的，尤其是在大城市治理的管理领域，市场化改革的更大意义其实在于在政府和市场间建立一种互相激励、促进和监督的互动机制，推动行政机构进一步明确职能范围和目标，压缩管理层级，提高管理效率，实行扁平化的改革，以便形成国家与社会的合力，达到良好的治理目标。

（二）**鼓励和支持社会组织积极参与，让社会成为大城市治理的积极主体。**这是许多发达国家治理改革的重要亮点之一。今年2月，我们去美国参观了硅谷、纽约、凤凰城以及其他几个大都市。在他们的社会管理里面，社会组织的作用是非常重要的。在纽约，社会组织参与市政管理已经有很长的时间了。在1992年，纽约就成立了非官方的区域规划协会，一直发挥着非常重要的作用。通过政府和立法机关的合作，它以发布区域规划计划书的方式，在勾画、构建大都市的交通系统、保护公共空间、保护自然环境、提供公共服务等方面，高质量地完成了很多任务。同时，它还凭借与学术机构的密切联系，为城市治理提供了廉价优质的治理支持。在这些地区，城市治理不再是政府的专利，而是加强了社会组织的参与，激发了社会组织的合力、活力，在政府与社会的协作中实现了大区管理的社会性与专业性的高度融合。

　　从目前的情况看，我国现在面临的是制度上的改革，更重要的是要支持社会组织的成长、壮大。在这方面，先行先试的广东已经开了一个好头，希望继续保持下去，逐渐使我们的制度向良性方向转变。

　　（三）**在行政体制改革中，建立跨区域的权威协调机构。**美国政府在面临地方政府单元无法继续合并的问题时，就采取了建立特别管制区的方式，来解决在更大空间内统一提供公共服务的问题。与这个问题相关的是，由地方政府自愿组成地方政府联盟。一些欧洲国家，像荷兰、德国，在经济困难的地区，以保护开发环境资源或者特定产业链发展战略为导向，在中央政府的统一规划下，建立起跨行政区域的统一高效的城市治理组织系统。比如今年 4 月,我们去荷兰考察就发现,他们理顺了区域内行政机构在发展中的各种关系,带动大都市整体发展。日本现在也要打破县的区划,充分发挥地方联合的优势。

(四)**实现治理过程中的管治分离,也就是管与治是要分离的**。这些国家在大都市管理中十分强调决策与执行过程的科学分解,倡导按照行政权力的运作规律解决管的问题,依据社会化运作机制解决治的问题。特别是在美国、加拿大、英国等国家,其大都市治理中的一个显著特点就是围绕着分权推进改革。这样一来,政府就可以集中精力去处理那些应该做并且能够做好的事情。

(五)**要因地制宜建立灵活的治理方式**。大都市的发展和治理困境本身的动态性,决定了治理模式需要具有相当的灵活性。从纵向而言,美国的大都市在历史上就经历过从集中规划管理到分权,再到重新集中的过程。就横向而言,比如日本东京作为单一的城市中心,主要依靠政府集中规划、协调发展的治理模式,与美国的分散多中心的模式相比,也不存在谁好谁次的问题,而是需要根据国情,根据历史发展阶段,根据政治文化传统来决定自己的区划。对于我们国家这样一个经济发展和管理现代化水平极不平衡的国家来说,就不能参照一个特殊的模式来统一进行管理,还是应该因地制宜地进行,比如东部地区和西部地区,应该根据各个地区不同的现实情况和背景来制定自己的区划。

广东省城市治理经验

近些年来,在实现从单纯管理到治理模式的变革中,国内一些地方也积累了很多宝贵经验。在这里面,广东的经验是非常重要和值得推广的。

(一)加强地方政府之间广泛、深入地合作。 广东省全面推进珠三角区域一体化,不断加强九大城市之间、"广佛肇"、"深莞惠"和"珠中江"经济圈的合作,有效地整合了地方资源,增强了城市群的整体竞争力。广东省采取的是"以点带面"的方法,以广佛同城为示范来推动其他经济圈的建设,进而加快珠三角区域一体化的进程。2009年3月,广州市与佛山市签署了"1+4"框架协议,标志着两市试图打破行政壁垒、进行一体化建设的开始。与国内其他地方政府间合作相比,两市的合作存在诸多特点:(1)合作深度的战略性——不同于其他地方政府之间在诸如河流治理等个别领域的合作,两市政府的合作涵盖教育、医疗和社会保障、交通、环境保护、社会治安等,是一种适合区域发展机遇的、全方位的、长期稳定的战略合作;(2)合作动因的自发性——比起政府规划与策动的诱发性合作,"广佛"、"莞深"、"珠中"等地人居一体化已经走在了国家政策之前,其发展道路具有从民间自发融合走向政府引导的特点;(3)合作过程的有序性——两市的合作经历了一个由酝酿、尝试、签订协议、正式启动,到拓展、深化的循序渐进过程;(4)合作结果的有效性——两市在交通基础设施一体化、区域间产业合作和公共服务均等化等方面不断取得了突破,比如产业互补方面,广州第三产业对佛山具有明显的辐射和带动作用,广州中心城市基础设施比如港口、机场等对佛山制造业发展起着很大的推动作用。

（二）**动员和支持社会公众参与城市治理**。广东省努力改变以往由政府单方面主导、公众被动服从的城市管理局面，尝试通过与民众的对话、协商与合作，最大限度地调动社会公众参与到城市治理中来。面对改革，广东省敢于创新，敢于突破，敢于跨越。通过立法保障公众参与权利，规范公众参与行为；通过搭建组织平台，拓宽民众参与渠道。2007年1月1日，全国首部规范公众参与的地方政府规章《广州市规章制定公众参与办法》在广州正式实施，第一次整合了征求公众意见的方式，规范了各类方式的概念、内容和程序。2007年12月19日，广东省环境保护局向各市区印发了《广东省建设项目环保管理公众参与实施意见》的通知，推动全面的公众参与，旨在加强环境决策民主化。广州市成立"同德围地区综合整治工作咨询监督委员会"，珠海市让公众参与城市规划环节等，都充分体现了政府对公民知情权和参与社会公共事务管理权的尊重，促进了广泛的社会参与。

（三）**充分发挥社会组织在公共事务管理中的作用**。广东省大力鼓励和引导社会组织参与社会管理和公共服务工作。一方面，政府通过降低社会组织登记门槛，加大对社会组织的资助，落实针对社会组织的优惠政策，建立社会组织孵化基地等途径着力培养发展社会组织，《关于进一步培育发展和规范管理社会组织的方案》《关于培育发展城乡基层群众生活类社会组织的指导意见》《关于进一步培育和发展行业协会商会的实施意见》等相继颁布。省级的社会组织孵化基地已经立项，广州、深圳、东莞、佛山等市纷纷探索建立社会组织孵化基地，其中广州的孵化基地已有 19 家社会组织进驻，比如广州市青年社会组织孵化基地为青年民间公益组织提供公益理念、运作模式、项目设计等培育服务，让公益组织在破壳而出后茁壮成长。另一方面，政府引导支持社会组织参与公共事务。部分社区已经引进社会组织承接长者综合服务中心、居家养老服务部、街道家庭综合服务中心等社区养老服务项目。另外，社会组织参政议政渠道也进一步拓宽，各级政府十分重视对社会组织代表的吸纳，积极建立健全与社会组织之间的沟通协调机制。

（四）**通过购买手段提供公共服务。**政府购买公共服务，不仅满足了民众对公共服务多样化需求，同时对于政府职能转变起到积极的推动作用，促使非政府组织、企业等主体加入公共服务供给体系，提高公共服务效率和质量，赢得民众满意。从全国范围来看，广东省在政府购买公共服务方面走在前列，相关探索不断，形式多样亮点多。在进一步扩大和明确政府购买公共服务范围的同时，政府向社会组织购买公共服务的过程也日渐规范化和制度化。2011 年广东省委、省政府印发了《关于加强社会建设的决定》，将政府购买社会服务作为加强社会建设的一项重大举措。2012 年 5 月 25 日，广东省政府印发了《政府向社会组织购买服务暂行办法》，首次明确了政府向社会组织购买服务的范围、程序、方式和资金安排。《办法》规定，除法律法规另有规定，或涉及国家安全、保密事项以及司法审判、行政许可、行政审批等事项外，政府承担的社会公共服务（如资产评估、法律援助、公益服务、慈善救济等），以及履行职责所需服务（如法律服务、监督评估等），应通过政府向社会组织购买服务的方式，逐步转移由社会组织承担。紧接着，广东省财政厅已经公布了第一批《2012年省级政府向社会组织购买服务项目目录》，为全国首创。《目录》涉及基本公共服务、社会事务服务、行业管理与协调事项、技术服务事项、政府履职所需辅助性和技术性服务等262项服务项目。

大城市社会管理
——从统治到治理

蔡 禾

中山大学社会学与人类学学院院长、教授

大城市社会管理的基本问题

（一）城市公共产品供给的效率与公平问题　大城市是区域性的政治、经济与文化中心，随着自身规模的扩大，小城市的单核同心圆结构逐步向大城市的多核多中心结构转变，单一城市朝多个城市在空间和功能上相互依赖的城市区域发展，其结果是大城市往往是通过多个次级政府或多个城市政府实施管理，导致"管理碎片化"，这种"管理碎片化"带来公共产品供给的效率和公平问题。

（二）大城市社会群体多元分化与社会秩序的建立问

题　城市化既是一个人口高度聚集的过程，又是一个人口高度分化的过程。人群的多元分化必然引起群体之间利益的差异和冲突，在一个跨越了温饱阶段的国家里，利益诉求不仅表现在经济领域，文化、政治、社会领域的利益诉求也会快速增加，大城市必须解决不同群体的利益诉求渠道，并建立群体间利益博弈的社会秩序。

（三）大城市空间规划与社会建构　城市化的发展必然在空间上表现出城市空间不断向周边乡村地区"入侵"，城市空间随着产业转型、老城改造不断被重构。但城市规划导致的空间重构本质上是利益关系的改变和社会关系的重建，因此城市规划绝不是单单由科学和技术决定的，而是一个日显激烈的政治经济过程。

大城市社会管理的模式转变——从统治到治理

（一）大城市社会管理中的政府权力：从单元、纵向一体化向多元、横向网络发展　面对大城市"管理碎片化"问题，大城市往往把分化的下级政府，或者把中心城市与周边中小城市兼并或合并起来，成为"巨人政府"，并建立一个自上而下控制的纵向权力体系。尽管"巨人政府"有其优点，但问题也是显而易见的：规模越大，政府统一决策可能与基层的需求越不一致；统一的政府缺少竞争压力，公共产品的效率难以提高。治理意味着不能只依赖单一、纵向权力来实现社会管理，治理意味着政府要让更多的主体成为治理主体，其中包括私人机构，建立起多元、横向的权力网络，促进公共产品供给渠道的多元化、公共产品供给的高效和公平。

（二）大城市管理中的社会——从垄断社会到让渡空间　　垄断社会是指政府将所有的人群纳入政府的行政体系管辖下，将政府视为各类社会群体唯一的利益代表者，用行政资源、行政命令、行政手段来解决问题，建立社会秩序。在这种制度下，国家必须是全能主义的，国家的权威也必然渗透到公民生活的各个方面。治理意味着政府要让渡出一部分社会管理空间，让公民、社会组织和企事业单位在面对自身的各种权益时，拥有相对独立的利益诉求权利和制度化表达形式，政府的责任是构筑不同群体之间对话、协商、谈判、博弈的公共平台，提升社会的自治能力。

（三）大城市管理中的空间规划——从物理空间到社会空间　　城市规划涉及规划的技术过程和规划的社会后果，只有将科学主义的工具理性和政治经济学的价值理性结合起来，城市的规划才能够创造出城市的和谐。城市规划不是在一个物理的空间容器中按照几何与美学的原则来摆放人群和设施，而是在各种利益群体之间寻求均衡，在城市发展与自然环境、社会群落、文化遗产之间寻求协调。城市规划不应该只是一个自上而下意志的体现，也不只是技术专家的理想再现，还应该有政治、社会等领域专家的参与，更应该有规划所涉及的、作为市民大众的利益相关者参与。

中国大城市社会治理的几点思考

（一）建立政府间合作的权力关系　　大城市政府要做到以

满足民众真实需求为管理的出发点，以公共产品供给效率来规划和实施社会管理，就必须打破僵硬的行政管理边界，形成弹性的行政管理边界，在政府间建立起以合作为导向的权力关系，并根据公共产品的性质和公众需求特点建立不同的合作关系。

（二）**提升社会的自治水平**　当市场经济在把人们从"单位制"中释放出来的同时，人们也失去了组织化的利益诉求机制，陷入"原子化"境遇。要满足人们不断增长并日益多样化的利益诉求，就要重建把人们联系起来的组织形式，大力培育和发展社会组织，使之成为人们自我服务、自我教育、自我管理的自治形式，成为人们利益诉求的新组织表达通道，成为培养公民意识的社会空间。只有在人们都能以组织化的方式去表达自身的利益时，社会群体之间的博弈才有可能走向理性和有序。

（三）**推动工青妇等人民团体的"社会化"**　所谓"社会化"，就是要改变官僚化体制，朝着社团化体制转变；要面向社会拓展自己的空间，在社会空间里构建自己的组织体系和运作机制；要从维护人民群众权益的立场出发，提供社会真实需要的公共产品，并以此取得社会的合法性认同；要借助自身的体制优势和资源优势，在其服务的社会领域发挥资源调配、业务引领、服务骨干的作用，成为社会领域的枢纽性组织。

（四）**倡导企事业单位的社会责任**　所谓企事业单位的社会责任，是指企事业单位在为自身谋取利益、实现自身目标的同时，还必须兼顾员工、公民、社区乃至社会的利益。因此，要鼓励企事业单位把市场目标与社会目标相结合，推动社会企业的成长；要鼓励企事业单位把谋利与公益相结合，引导其服务于社会事业；要鼓励企事业单位与所在社区合作，建立和谐共生的发展关系。在我们国家，大量的企事业单位仍然处在体制内，他们不仅因其"国有"而拥有大量资源，也因其"国有"使政府对其拥有一定的体制动员能力，将企事业单位整合进社会治理的权力网络，是符合中国国情的城市社会治理的选择。

概括而言，要实现有效的中国大城市社会治理，就必须改变长期以来政府为单一治理主体的状况，建立一个政府、社会组织、企事业单位、人民团体等多元主体参与的权力网络。社会治理的大方向需要"党的领导，政府主导"，但在实现治理目标的过程中，社会组织、企事业单位、人民团体必须有自身的独立性，他们与政府之间是平等的伙伴关系，而非行政的上下级关系。如果不是这样来理解和发展政府、社会组织、企事业单位、人民团体之间的关系，社会领域的善治格局是难以实现的。

幸福广州建设：积极心理学

高定国

中山大学心理学系主任、教授

加强社区建设，增加人们的社交生活

我们过去特别强调发展经济，很多人就误解，认为经济好了，大家富裕了就幸福了，现在看起来不是这样的。美国的一个调查显示，从1957年到1991年的30多年时间里，美国人的收入增加了很多倍，但是幸福感并没有多大变化。美国西北大学调查发现，22名中彩票头奖的获得者开始是幸福的，但是半年之后和一般人的幸福感是没有什么区别的。因此经济建设不等于幸福建设。

在心理学中，提高幸福感有很多方法。一个人是否幸福，自己掌控占 40%，基因有 50%，环境有 10%。有些人比较乐观，确实是感觉幸福些。与幸福有关的特别重要的一点是社会关系。盖洛普公司进行过一项大型跨国调查，抽取了全球 132 个国家 13 万人作为具有代表性的样本进行调查，最后得出的结论就是：影响幸福与否的一个关键在于社会关系是否和谐。调查中有受访者说道："如果一个人生命中有一个可以让自己在凌晨 4 点钟吵醒他／她来倾诉烦恼的人，那么这个人是幸福的。如果有这样的人，他活到 80 岁的可能性增加 8%。芝加哥全球意见调查发现有 5 个以下亲密朋友，26% 认为自己非常幸福，而 5 个以上者，这个比例是 38%。朋友越多，你的幸福感就会增加。"

为什么人类与他人的关系如此重要？人类拥有哺乳动物中最漫长的幼年期，前 5 年无法离开他人的照顾，所以人类有一种特别需要交朋友的需求。这是社会关系的生物性表现。

以上说的是普通的社会关系，还有一种很重要的关系是亲密关系，比如婚姻。结婚对现代人来说是非常重要的，现在提倡晚婚，但是还是要结婚。美国研究发现，婚姻让男性寿命至少增加 9 个月。德国的调查发现，婚姻使每名男性增寿近 2 年。美国罗切斯特大学研究过 225 名冠心病搭桥手术患者，术后 15 年，婚姻生活幸福的女患者有 83% 仍存活，而婚姻不幸福女患者只有 28% 还活着。

这对城市建设的启示是，幸福广州需要加强社区建设，增加人们的社交生活，推动人们之间的这种交流。

城市建设应多给市民控制感

提升幸福的另外一个方面是提高控制感。控制感这个东西实际上就是环境,你认为你控制得住。比如主持人控制我们发言的时间,到时间了看你能否控制得住。这个地方,如果让你选择自己治和让机器治,人们会选择让自己治。你一定要让自己有一种控制感,哪怕这种控制感是不存在的。包括交通灯有数字显示,这也是有控制感的表现。

我们知道,生命中最无法控制的是衰老和死亡。在1975年美国有两个心理学家在老人院做了两个实验:在周末的时候,老人院可以自己选择摆什么花或者看什么电影,另外一个是由护士来定。结果是,有控制感的这一组,幸福感明显好于另外一组。更重要的是,过了18个月以后,有控制感的这一组的死亡率明显低于没有控制感的一组。

因此,我们建议,城市建设应多给市民控制感。制定具体而且明确的规则,制度要透明化,让市民参与身边的社区建设的规划。例如给老年人更多地承担责任,不只是把他们当作被照顾的对象,这会提高他们的幸福感。

城市治理中的民众参与

李江涛

广州市社会科学院党组书记、研究员

公共精神和公民意识

民众参与城市治理，首先是要培育公共精神和公民意识。

公共精神是个人力量的显示，是社会和个人成熟的标志。我们知道，一个人在弱小的时候，是没办法照顾其他人的，例如婴儿是不会注意到别人的感受或者是照顾别人。所以当一个人不仅能够处理自己的事，而且有能力参与公共事务的时候，这表明了一种力量的提升和意识的觉醒。新型城市化要让中产阶层壮大并且不断地使我们的社会结构优化。这种中产阶层的力量，不管是经济力量、政治力量，还是文化力量，都应该比非中产阶层要高。

公共精神需要一种爱心、同情心,它能够有一个人文主义的哲学基础。人文主义给我们带来的最大财富是,把人放到了一个最为重要的位置,而且突出了人的价值至高无上。公共精神需要的是以人为本,就是人文主义的思想意识。

公共精神也是一种责任意识和担当意识。一个人只有到了有一定能力的时候,他才能够去实践自己的理想,或者说能产生这样的理想。所以公共精神对新型城市化建设是非常重要的。

公共精神也是一种奉献精神。公民意识包括权利意识和义务意识,以及对公民个人权利意识的认识水平。在现阶段,公民的权利意识和维权意识已经越来越浓,大家对这方面开始觉醒,也有这种要求。但是另一方面,在这个过程中,公民的主体自觉欠缺义务意识。行使宪法赋予的神圣责任,比如依法纳税等,这是公民的义务。在立法建设的时候,我们往往为别人设置义务,为自己设置权利。从公民的角度来讲,我们要强调公民的权利与义务平等。但是包括现在的一些研究报告,都是主张权利,但是没有这种义务的意识。在我们的新型城市化过程中,这种公共精神、公民意识是非常重要的。

公民的公共权力

公民有没有公共权力?这是我们要讨论的一个问题。事实上来讲,公民授权政府以后,仍然有权参与公共事务,包括参与社会工作,比如监督社会的行为、制止和劝阻不良行为、协助公共管理者执法。目前在我们的意识当中,很多人认为这是管闲事，你也没权管。到底是否有权管？在一些法律中，我们发现违法犯罪的可以当场抓。但是对一般的不良行为，包括偏差行为，就涉及公共领域、公共秩序。这时候，公民有没有权力去参与管理？我认为是有的，我们要明确公民的这种公共权力。当然它是有边界的，关键是我们要加强宣传和教育。

要进行广泛的社会动员，动员公民参与。动员一定要有一个有效的机制，通过引导、激励、帮助等措施，使民众能够参与到社会管理、城市治理中。中产阶层和专业人士参与社会服务是非常重要的。现在我们的志愿者大多数是以学生为主，提供的服务基本上是劳务性的，专业性的服务严重不足，而社会大量需要的是专业队伍，但是社会动员和政治动员必须在高度制度化以后才能进行。也就是说，我们在动员之前先要制定好一定的制度，比如志愿者、慈善事业等，如果高度制度化了，就不会乱，而且有引导。

要深入解决出现的问题，要注意研究民众参与的合法性，不能用违法方式来治理违法。我们最常见的就是把小偷揍一顿之后再送去派出所，这是违法的，政府执法也有类似的情况。民众参与的时候尤其要注意这个问题，因为民众参与不是专业的执法者，在协助进行城市治理、"管闲事"的时候，用违规和违法的手段造成的后果比不去制止还要严重。

要研究防止民粹主义的干扰，研究公民抗命的问题。对公民抗命的行为，怎么样来对待，怎么样来处置，怎么样来分析，还有民粹主义的干扰时刻伴随的现象，以及公民行动怎么样得到政府的支持与引导，都要有制度性的安排。

在新型城市化进程中提升
新生代异地务工人员的幸福感

杨 秦

广州市委组织部副部长
市人力资源和社会保障局党委书记、局长

  21世纪是中国城市化的世纪，也是大批异地务工人员市民化的世纪。改革开放30年来，广州一直是吸纳异地务工人员数量巨大、成就辉煌的珠三角龙头城市。从清晨四处忙碌送牛奶的卖报纸的、酒店里端茶的送水的、街上开出租的、路边养花的除草的打扫卫生的，一直到深夜还在巡逻做保安的，这座城市无处不闪现着外来务工人员的身影，每一栋现代化的建筑里都凝聚着外来务工人员的心血，每一个广州人的幸福生活都饱含着外来务工人员的辛勤劳动，城市发展的每一步都有外来务工者的巨大贡献。广州需要外来工，也离不开外来工。每一次我经过火车站、长途汽车站，看到那些肩扛手提行李的异地务工人员,心里总是十分感慨,不禁想起《把根留住》歌曲的几句歌词:多少脸孔,茫然随波逐流,他们在追寻什么?为了生活人们四处奔波,却在命运中交错。这几句歌词,真是对异地务工人员的生动描绘和写照。现时的广州户籍人口 800 多万,外来人口 700 多万,将近 1:1,外地来穗有登记的务工人员达 400 万人,已占广州总人口近 1/4。相对于改革开放初期的农民工来说,新生代的异地务工人员学历高、能力强,对土地的依恋程度低,向往城市、融入城市,成为名符其实的"城里人"的愿望更迫切和强烈。新生代异地务工人员许多人虽然出生在农村,可长期生活和成长在城市,农村人看他们是城里人,可城里人看他们是农村人。说他们是农村人,可土地和家乡已不是唯一的依恋和生活基础;说他们是城里人,可他们没有得到社会和城市的认可,没有城里人的名分。他们到底是哪里人?需要给出一个明确的答案,以确定他们的身份和定位,而不能让他们再飘浮不定,要让他们落地生根——把根留住。把大量异地务工人员融入广州、融入城市,成为新型城市化的市民,并不断提升他们的幸福指数,是各级党委、政府要认真面对和解决的大课题。如何提升新生代异地务工人员的幸福感呢?

一、提高思想认识,切实以真情的关怀来增强异地务工人员的幸福感。

一座城市对外来务工者的关爱和接纳,折射出的是一种城市文化和秉性,体现出的是社会文明的进步和包容。广州是国家中心城市、综合性门户城市、全省的首善之区,要提升异地务工人员的幸福感,具备良好的资源秉赋、物质基础和人文土壤。远古时期,来自北方的任嚣、赵佗完成平定岭南大业后,推行"百越和集"、"变服从俗"等政策,就很快融入岭南,被南越人认同并被尊为岭南人文始祖。广州十三行行商中,有十家行商祖籍福建,他们的祖上在来广州之前,也不过是碌碌庸流,但来到广州很快被广州人包容,成就了一番轰轰烈烈的事业,成为广州历史上赫赫有名的十三行。改革开放以来,广州又为无数怀着美好梦想南下创业与谋生的人们,提供了天高任鸟飞、海阔凭鱼跃的舞台。广州之"广",确实为博大胸怀之广,乃包容之魅。

随着世界城市化运动的飞速推进,当前中国的城市化已进入高速发展期。据国家统计局数据显示,1993年中国城市化率是28%,到2020年将达到60%以上。城市化率每提升一个百分点,在中国就意味着有1200－1500万农村人进入城市。我国如此宏大的城市化运动,由于现行法律、政策的不健全、不完善,对异地务工人员有歧视性规定和体制性障碍,使异地务工人员的许多理想、追求和祈盼难以兑现和满足。加之我们主动引导和服务不到位,一些异地务工人员内心产生积怨并日益增长。因此,近年来发生了多起以异地务工人员为主体的群体性冲突事件,其影响之大、反映之广,备受中外关注。

广州经过2200多年的城市发展和30多年改革开放的厚重积淀,已站在了新的历史起点上。如何在发展十字路口闯出一条成功之路?在市第十次党代会上,市委作出了走新型城市化发展道路和"12338"的决策部署,为广州未来发展描绘了一幅美好蓝图,这就要求我们必须率先转型升级、建设幸福广州,把提升异地务工人员即新广州人对广州的认同感、归属感、幸福感作为执政要务,切实以宽容的态度、博大的胸怀、真情的包容来关怀爱护,让异地务工人员在真情的关心中增强幸福感。

二、搞好制度创新,切实以完善的政策来保障异地务工人员的幸福感。

众所周知,异地务工人员作为一种制度性安置,有着深厚的社会根源和政治背景,具有历史的合理性和社会的进步意义。广州作为改革开放的前沿阵地,在推进新型城市化进程中,对异地务工人员从制度上、政策上彻底解决问题的时机已经到来,我们应以敢为人先、勇于创新的勇气,站在世界先进城市坐标系中谋划定位,加强制度创新和实践。

近年来,广州在完善异地务工人员的政策和制度上进行了大胆探索和实践,在很多方面为国家制度的顶层设计提供了范式。如率先在一线中心城市出台了异地务工人员积分制入户办法,近两年就有6000名异地务工人员通过申请落户广州,成为了名符其实的新广州人。这一举措不仅打破了异地务工人员优秀人才入户广州的"玻璃天花板",还为破解异地务工人员群体被边缘化倾向的社会难题作出了积极探索,率先在全国启动职业技能培训券管理制度,加大社会保险的城乡统筹,将异地务工人员纳入了本市城镇企业职工养老保险体系,修订实施《广州市城镇灵活就业人员医疗保险试行办法》,再次明确将外来务工人员纳入了我市医疗保险范围。

下一步,我们将继续贯彻落实好这些政策、制度,并在此基础上继续加大创新，努力做好以下四项工作：一是大力推进异地务工人员积分制入户工作，深化户籍制度改革，为异地务工人员融入城市开辟新的通道；二是将异地务工人员纳入城市住房保障体系，切实改善他们集中居住在工地工棚、集体宿舍、城乡结合部和城中村地区的居住条件；三是将异地务工人员子女教育纳入全市教育发展规划，通过统筹安排就读、统一学籍管理、统一教育管理，积极推进异地务工人员子女接受义务教育；四是建立异地务工人员暨农民工广州博物馆，以表扬和彰显异地务工人员对广州发展的丰功伟绩。相信随着该馆的建成，异地务工人员的荣誉感、自豪感、归宿感将会进一步提升，也将更大程度地促进社会对异地务工人员的认同感和赞誉感。

三、积极创造条件，切实以良好的环境来营造异地务工人员的幸福感。

幸福感是建立在良好的心灵感受、情感归属和价值取向之上精神指数，既是社会发展状况和问题表象的"风向标"和"晴雨表"，也是异地务工人员用心灵去抚摸城市、寻找精神家园的"指航针"和"坐标系"。在新的形势和任务面前，如何提升新生代异地务工人员的归属感和幸福感？我认为必须创造良好的条件，以宽松的政策、创业的平台、人文的关怀、优厚的待遇、舒适的环境，营造异地务工人员优越的幸福感。

"十一五"期间，市委市政府对此高度重视并身体力行。从2007年开始，连续开展了广州市"十佳"进城务工青年评选和三届外来务工人员评优表彰活动，市领导亲自主持会议，并亲自慰问和颁奖，至今已表彰国家、省和市级优秀农民工386名。省市领导亲自推动农民工积分制入户政策，近两年已接受6000名非本市户籍人员申请积分入户。注重解决农民工子女入学入托工作，至今已有20万农民工子女在公办学校就读，占在我市接受义务教育的农民工子女的40%。注重打造异地务工人员精神生活家园，在亚运会期间，市长万庆良同志还专场邀请异地务工人员观看亚运会球赛。连续多年组织优秀外来务工人员游览园林博览会活动、关爱十万异地务工人员千场免费电影年活动、新广州人集体婚礼等活动，受到异地务工人员的广泛欢迎和好评。

根据市委市政府对广州走新型城市化道路作出的明确战略部署，对如何引得进、用得好、留得住异地务工人才和完成好省委省政府高技能人才入户广州及异地务工人员积分制入户等问题提出了明确的要求，作出了具体的规划。人力资源和社会保障部门，一定要认真贯彻和坚决执行，进一步创新异地务工人员的管理服务体系，实施"六项幸福工程，做好六个确保"：

一是实施就业谋福工程，确保异地务工人员才有所用。围绕全面建设国家中心城市、建设国际商贸中心和世界文化名城的战略重点，配套出台更加有利于各类人群就业的政策制度，确保吸纳符合本市经济发展需要的异地务工人员，做到人尽其才、才有所用。

二是实施收入增福工程，确保异地务工人员劳有所得。围绕全面提升广州城市核心竞争力、文化软实力和国际影响力这一总体目标，不断提升异地务工人员工资、福利，保证异地务工人员在物价上涨的情况下实际工资收入不断增长，做到劳有所得。

三是实施技能致福工程，确保异地务工人员学有所成。围绕市委市政府确立的低碳经济、智慧城市、幸福生活的城市发展理念，建立健全异地务工人员职业培训统筹协调机制，引导更多的异地务工人员通过职业技能培训提高自身素质，促进就业和稳定就业。

四是实施社保安福工程，确保异地务工人员困有所保。全面贯彻《社会保险法》《劳动合同法》等法律法规，统筹推进城乡社会保险，构筑起"老有所养、病有所医、失有所保、伤有所偿、育有所助"覆盖城乡的社会保险体系，在突破城乡二元结构、建设全民共享型社会保险制度上实现历史性突破。

五是实施家庭聚福工程，确保异地务工人员家有所依。完善异地务工人员家属户口随迁、就业培训、子女入托入学、社会保险、住房保障等政策制度，切实解决异地务工人员个人和家庭的后顾之忧，优化异地务工人员与家人团聚的环境和氛围，使其在温馨的家庭生活中找到精神慰藉和情感依托。

六是实施和谐稳福工程，确保异地务工人员乐有所趋。健全劳动争议调解、仲裁机制，依法维护异地务工人员合法权益。积极开展公益性文化活动，坚持文体进工地、进宿舍、进社区，不断丰富异地务工人员业余文化生活。继续推进"一区一品牌"、"一社区一特色"的群众性文化活动，不断丰富异地务工人员的文化生活。

总之，解决异地务工人员融入城市、融入广州，成为新型城市化的市民的目标，需要我们所有社会各界齐心协力、共同努力。正像汶川大地震时温总理说的那样：一点很小的善心，乘以13亿,都会变成爱的海洋;一个很大的困难,除以13亿,都会变得微不足道。只要我们一起关心、关注、关爱,共同帮助、协助、资助异地务工人员这个群体,他们的幸福指数一定会与日俱增,成为新广州人的目标一定会尽快实现。

专题演讲四

文化引领与
世界文化名城培育

历史文献传承与城市文化传播
——《广州大典》及其历史文化价值发掘

程焕文

中山大学资讯管理学院教授、图书馆馆长

《广州大典》缘起

广州是一座拥有2200多年悠久历史的中国历史文化名城，向以商业文化和美食文化享誉世界，海上丝路、十三行、广交会、迎春花市、食在广州，早已闻名天下。作为岭南文化的中心地，广州代表着广东。在漫长的历史长河中，广州融汇中外文化之精华，形成了独特的岭南文化，产生了大量的文献典籍，历史上亦曾出现过两次大规模的文献编撰与刻印。

第一次是阮元倡导的学海堂刻书。享有"清代经学名臣最后重镇"盛誉的阮元（1764－1849）嘉庆二十二年（1817）

出任两广总督，嘉庆二十五年（1820）创办学海堂。道光四年（1824）学海堂迁至越秀山麓新址后开始大规模刻书，历经道光、咸丰、同治、光绪四朝，刻书3000余卷，如《学海堂集》90卷、《皇清经解》1400卷、《揅经室集》62卷、《学海堂丛刻》28卷、《国朝岭南文钞》18卷，以及《通典》200卷、《续通典》144卷、《皇朝通典》100卷，等等，为广东文教的崛起和人才的兴盛发挥了重大作用。梁启超曾评价道："阮芸台督粤，创学海堂，辑刻《皇清经解》，于是其学风大播于吾粤，道咸以降，江浙衰而粤转盛。"

第二次是张之洞倡导的广雅书局刻书。张之洞（1837—1909）光绪十年（1884）任两广总督，鉴于"自道光年间两广总督阮元校刊《皇清经解》，汇集本朝儒林经学经解1400余卷，至今60年间，海内通经致用之士接踵奋兴，著述日出不穷，亟应续辑刊行；此外，史部、子部、集部诸书，可以考鉴古今，裨益经济，维护人心风俗，亦应一并搜罗刊稿"，乃于光绪十二年（1886）创设广雅书局，开始大规模刊印书籍。广雅书局作为晚清五大官书局之一，刻印经史子集、杂著、丛书等千余种，包括刻印《广雅丛书》、翻印《武英殿聚珍版丛书》、辑刻《纪事本末汇刻》等，至光绪末年经营停顿时藏版多至15万余片。

在广雅书局之后的百余年间，广州没有出现更大规模的文献编撰与书籍刊印。由于各种原因，大量珍贵的广州地方文献老化破损严重，为及时抢救和保护现有的珍贵历史文化资源，中共广州市委宣传部、广东省文化厅于2005年起开始策划、组织《广州大典》的编纂出版工作，由此揭开了广州历史上第三次大规模的文献整理与书籍刊印。

2005年，《广州大典》被列为广州市"十一五"时期重点文化工程，经费2000万元人民币，叶选平任编辑委员会名誉主任，广州市委书记林树森任编辑委员会主任，广州市市长张广宁任编辑委员会副主任，广州市委宣传部部长陈建华、广东省文化厅厅长曹淳亮任主编。4月30日，《广州大典》编纂工作正式启动，5月29日，《广州大典》古籍扫描工作正式开始，文化部副部长周和平高度评价道："由地方政府出巨资，地方文化部门主持编纂的大型文献丛书，在全国尚属首创。《广州大典》树立了一个良好的榜样，值得倡导。"

《广州大典》的编纂与出版

（一）编纂体例

《广州大典》是一部旨在系统搜集整理和抢救保护广州文献典籍，传播广州历史文化的大型地方文献丛书。

在收录范围上，内容范围为广州史料、广州人著述（含寓贤著述）、广州版丛书；地域范围为清代中期广州府所辖南海、番禺、顺德、东莞、从化、龙门、增城、新会、香山、三水、新宁、新安、清远、花县，以及香港、澳门、佛冈、赤溪；时间范围以1911年为下限，个别门类延至民国。

在分类编排上，依经、史、子、集、丛五部分类，其中，丛部收综合性丛书，专科性丛书俱入所属部类。各部分辑编排，未能及时入编相应各辑者，留待日后汇辑出版。个别内容完整、史料特殊的文献，独立成辑出版。

在编纂原则上,坚持"不选、不编、不校、不点"的"不干预"原则,以确保收录文献的真实性和完整性。

在版本择用上,以广东省立中山图书馆和中山大学图书馆藏书为基础,海内外各公藏机构和个人藏书为补充,对符合收录范围的文献一般不做裁选,以保证收录的系统性和完备性。同一种图书有多个版本,择善而从;个别有特殊价值者,可多个版本并用。

在版式规范上,按统一规格缩印,个别特殊者另作处理。底本原有的批校、题跋、印鉴和刻印的墨迹等,概予保留。底本版面漫漶缺字,概不描修。底本有残缺者,仅以相同版本补配;有缺页者,在相应位置标注。每种文献均标明书名、卷数、著者、版本、版框尺寸及底本收藏者。

在索引编制上,各辑编迄,另编制总书目、书名索引、著者索引,以便检索。

在书籍装帧上,采用国际通行的大 16 开本,天然丝封面,纯棉纸,精装。每页大体按四合一拼版,保留古籍原来的版式和内容。每册 800 页左右。

(二) 底本征集

根据陈建华市长当年制定的底本征集要全、底本选择把关要严的编纂方针,广州市委宣传部理论处和《广州大典》编辑部邀请相关专家学者,组成课题组对广东文献进行普查,全面了解国内外广东文献的收藏情况、存佚情况、版本源流、作者(或辑者)基本情况、基本内容、文献价值、前人研究情况、编纂特点等,并提出入选《广州大典》的建议。在此基础上,编辑部再组织专家学者对经、史、子、集、丛五大部类的入典书目进行反复论证，最后确定了3200余种拟入典的文献。

底本征集是《广州大典》编纂中最为困难和关键的工作。3200余种拟入典文献，大部分集中在广东省立中山图书馆和中山大学图书馆，其余分藏于海内外近百家文献收藏机构，征集十分困难。为加快出版进度，编辑部一边整理书目，一边征集底本。

《广州大典》主编陈建华、曹淳亮身先士卒，率先垂范，亲自参加底本征集工作。2006年，陈建华主编赴宁波，与宁波市委宣传部达成共识，获得天一阁藏本使用权；曹淳亮主编专程到北京向文化部副部长周和平汇报《广州大典》底本征集问题，取得国家图书馆的支持，于2007年1月获得国家图书馆的同意，使用其馆藏底本用于出版（含电子版）。

在主编的带动下，《广州大典》的底本征集工作陆续取得可喜的成果。2006年，从国家图书馆、天一阁、上海图书馆、天津图书馆、武汉图书馆等图书馆征集古籍153种，1264册，共75372幅扫描图。2009年，从国家图书馆、故宫博物院、南京图书馆征集底本246种。2011年后陆续征集上海图书馆底本136种，中国科学院图书馆底本27种、浙江图书馆底本9种。

为了更加全面地征集底本，广州市委宣传部副部长曾伟玉自分管大典工作以来多次主持召开会议，研究加快文献征集的办法，并于2011年制定了责任到馆、责任到人的底本征集方法，将尚未从近百家图书馆征集到的其他文献底本征集工作分别落实于广东省立中山图书馆、广州图书馆与中山大学图书馆，其中：

广东省立中山图书馆林子雄、林锐负责征集北京12家图书馆和宁波天一阁的 107 种文献；

广东省立中山图书馆倪俊明负责征集全国 12 家省级图书馆 154 种文献、省内 12 家图书馆的 64 种文献、香港地区 3 家图书馆的 29 种文献；

广州图书馆方家忠负责征集全国 7 家市级图书馆的 11 种文献、内地 9 家高校图书馆的 23 种文献、台湾 5 家图书馆的 115 种文献；

中山大学图书馆王蕾负责征集国外 17 家图书馆的 60 种文献。

（三）文献收录

《广州大典》采用一边整理，一边出版，先易后难的编纂出版方式，先编辑出版广州版丛书，然后在出版经史子集各部文献。

《广州大典》顾问麦英豪以屈大均《广东新语》中"岭南文化当自秦赵佗始"为据，向编委会推荐了集自湖北睡虎地出土的秦简字作为《广州大典》书名字体，"广州大典"四字古拙朴茂、秀硬遒劲，力透纸背，别具一种沧桑的韵致。

2006 年 9 月 29 日下午，《广州大典》开印仪式在广州日报印务中心九州阳光印务分公司举行，2008 年 9 月，《广州大典》丛部（一）正式出版，收录文献近 12 万筒子页，包括《广雅丛书》《海山仙馆丛书》《粤雅堂丛书》《岭南遗书》《守约篇丛书》《如不及斋丛书》《晋石厂丛书》《咫进斋丛书》《碧琳琅馆丛书》《藏修堂丛书》《学海堂丛刻》《翠琅玕馆丛书》《知服斋丛书》《螺树山房丛书》，共 14 种广版丛书，分为 13 辑 83 册，3690 印张，

58880页，出版成品已达到国家新闻出版总署的优质品标准。

目前，《广州大典》各部的文献收录情况如下：

经部：收录总类、易类、书类、诗类、礼类、乐类、春秋类、孝经类、四书类、群经总义类、小学类等各类经学（含小学）著作约160种，预计分为38册。

史部：收录纪传类、政书类、传记类、地理类、方志类著作1100余种，预计分为110册。

子部：收录儒家、兵家、农家、医家、天文算法、艺术、杂家、释家、道家等类著作580余种，预计分为60册。

集部：收录总集和别集著作1500余种，预计分为120册。

丛部：2008年已出版的第一部分收录广州版丛书14种，分为83册，第二部分将收录独撰类丛书21种，目前已完成修图27490幅。

《广州大典》经史子集丛五部总计收录的文献将在3200种以上，约分400余册。

《广州大典》的历史文化价值

《广州大典》的编纂出版是继道光年间学海堂刻书和光绪年间广雅书局刻书之后，广州的第三次大规模文献整理与出版，但是又大异于前两次大规模刻书。学海堂刻书是阮元"穷经致用、实事求是"学风在广州的集中体现，造就了广州考据学的兴盛。广雅书局刻书虽然是学海堂"通经致用"的延续，但是体现的是张之洞的"中学为体，西学为用"思想，在西学东渐中已不再具有学海堂那样的积极意义。《广州大典》旨在系统搜集整理和抢救、保护广州文献典籍，传播广州历史文化，是文化大繁荣大发展的重要体现，是广州培育世界历史文化名城的一块厚重奠基石，"不仅对于广州的文化建设具有深远的影响，对于全国的文化事业发展，也有重要的垂范意义"（陈建华语）。

《广州大典》是一部大型的地方历史文化丛书，入选文献范围之广泛，内容之丰富，文献之珍贵，在广东文化出版史上是空前的。《广州大典》的出版将对广东文化大省建设起着积极作用，对促进广东社会经济政治文化建设具有积极的现实意义和深远的历史意义（曹淳亮语）。

（一）《广州大典》是迄今为止最为全面的广州历史文化史料著作集成。《广州大典》系统地收录了1911年以前有关广州的著作、广州人的著作和广州版丛书3200多种，入选文献范围之广泛，内容之丰富，数量之浩大，超过了学海堂和广雅书局刻书总量的两倍以上，在广东文化出版史上是空前的。

（二）《广州大典》抢救和保存了有关广州历史文化的大量珍稀文献。已出版的广州大典版《广雅丛书》增加了附录《广雅翰墨》，收录了王贵忱先生珍藏的张之洞手稿，这些手稿首次对社会公布,弥足珍贵。史部杂史类收录的《夷氛闻记》《触藩始末》《英吉利广东入城始末》《赵沅英稿本》《粤东军变记》（稿本)等，为研究鸦片战争以来广州政治、军事提供了珍贵的史料；政书类收录的《善善堂租簿》《买物归来价值记》等一批稿本，对于研究晚清广州社会经济颇有价值，而大量广东咨议局的档案报告，更是晚清立宪史研究的第一手资料。传记类所录大量晚清广东乡试课卷，则是研究清末广东科举历史、教育变迁的原始资料。地理、方志类广录历朝府、州、县志、乡土志和山水专志等，除《中国地方志联合目录》所录广州地方志咸备外，新发现收录一些罕见方志如康熙《清远县志》等。子部农家类收录的番禺赵古农撰《龙眼谱》《槟榔谱》《烟经》，为古代岭南关于这些作物的唯一专谱；南海区金策撰《岭海兰言》是广东历史上唯一的一种兰花谱；南海陈启沅撰《广东蚕桑谱》则是清以前广东最早的蚕书，地方特色鲜明，文献价值重大。

（三）《广州大典》为广州历史文化研究提供了最为丰富的一手资料。《广州大典》坚持"不选、不编、不校、不点"的"不干预"编纂原则，忠于原著，真实展现原著的样貌，为学人研究广州历史文化提供了最为丰富的一手资料。

（四）《广州大典》为广州历史文化的传播与弘扬提供了上佳的途径。《广州大典》收录的文献来自海内外几百家图书馆和文献收藏单位，许多文献长期"藏在深闺"难得一见，《广州大典》的编纂汇聚了分散在世界各地的广州地方文献，而《广州大典》的出版将向世界各地传播广州历史文化，这种由分散到集中，由集中到传播的方式，既传承了广州的历史文化，又传播了广州的历史文化。

《广州大典》的研究与推广

按照计划，《广州大典》将在 2012 年底全面出版。《广州大典》的全面出版将是全面开展广州历史文化研究、宣传和推广的开始。

(一)《广州大典》与广州历史文化研究基地。

推进《广州大典》专题研究,是保护和发掘广州历史文化,增强城市文化影响力的有效途径。为此,在广州市委宣传部的指导下,通过整合广州图书馆、广东省立中山图书馆、中山大学图书馆和广州大学图书馆四个单位的古籍研究队伍,于2012年7月在广州图书馆正式设立了《广州大典》与广州历史文化重点研究基地,开展《广州大典》与广州文献的基础研究,着力培养广州古籍编纂人才,锻造出一支广州古籍学术研究队伍和出版编辑队伍。该重点研究基地在近三年内将重点开展如下研究工作:

——《广州大典》全文数据库的研发;

——《广州大典》书名索引、著者索引等索引的编制;

——《广州大典》补遗目录的编制;

——《广州大典》历史文献研究。

(二)《广州大典》与广州历史文化研究基金。

2011年7月11日,陈建华市长在《广州大典》编撰工作会议上提出,从今年起连续五年内每年由广州市注资1000万元,设立《广州大典》研究基金,全面推进广州历史文化研究。

即将设立的《广州大典》研究基金,将通过设立《广州大典》研究项目,吸引省内外、海内外的专家学者全面深入地研究《广州大典》与广州历史文化,努力培育起"广州学"研究品牌和学科体系,并着力资助以《广州大典》为主要研究对象的博士论文,引导全国青年才俊关注广州、研究广州、认识广州,形成以广州文化发现人才、集聚人才、著书立说的生动局面。

(三)《广州大典》与广州历史文化宣传推广。

编纂出版《广州大典》的一个重要目的,就是促进国际文化交流、推动广州文化走向世界。今年上半年,陈建华市长在出访美国休斯敦和纽约、智利圣地亚哥城、科威特城等国际友好城市交换赠品时,赠送了已出版的《广州大典》丛部,对方如获至宝,由衷惊叹广州源远流长的城市历史和博大精深的城市文化,加深了对广州的认识,这就是一套古籍丛书所产生的巨大魅力。

2012年底《广州大典》全面出版后,《广州大典》将作为城市对外交流的礼品,赠送到国内外的姐妹城市和国内外重要图书馆。通过全方位的宣传推广,《广州大典》将成为广州历史文化的一面旗帜,成为宣传广州城市形象的文化名片,成为广州培育世界文化名城的一块厚重基石。

《广州大典》全文数据库的研发将对《广州大典》的内容进行全方位、深层次的揭示,提高《广州大典》的利用率,增强《广州大典》的文化服务功能和文化影响力。

以现代文化价值提升广州城市文化的建设水平

蒋述卓

暨南大学党委书记、教授

广州作为国家中心城市,在后亚运时期和中国走向伟大复兴的时代,越来越引起世界各国的重视。在走新型城市化的道路、提高城市文化的建设水平方面,我认为应该以建设现代文化为重点,以现代文化提升广州城市文化的建设水平。

广州与上海一样,以开放的姿态拥抱世界。上海是中国近代文化的代表,是最洋气的城市。其实广州也是很洋气的城市,它跟西安完全不一样,西安是古典味很浓的传统城市。广州还是近代革命的发源地,它也留下了多处具有现代意义的建筑和纪念地。改革开放30多年,广州奠定了雄厚的基础。我们很多新的价值观念,都是从改革开放的前沿地——广州以及广东引发出来的。我们在建设广州城市文化的时候，其现代文化的要素，应该作为我们要着重考虑的内容。

我认为可以从五个方面去建构，用它来提升我们城市文化的建设水平。

一、培育现代公民的责任意识和契约意识。责任意识，主要表现在公民参与公共生活上。现代公民的素质在广州体现得很好，像"口罩男"、"举牌男"，这些现象已经成为我们广州现代文化的典型例子。这在其他城市是看不到的，我们应该宽容它，让它发展壮大。天下兴亡，匹夫有责。有些人通过网络发表他对公共生活的意见，践行他的公民责任，有些人通过自己的行动实现。这恰恰都是现代公民责任意识的表现。

契约意识，主要是实现个人与社会、个人与社区、个人与政府之间的契约。这种契约意识，就是个人应该履行公民职责，但是同时也要监督政府，让政府履行政府职责。我觉得广州要加大培养这种契约意识，这样一来，广州的文化特点就表现出来了。它不仅仅是开放宽容的问题，而是公民自行履行公民责任的问题。

二、培育尊重他人、尊重法律的意识。尊重法律，而不是尊重人治，这是平等意识的表现，是建立公平社会、提升公民文化素质的重要因素。在广州生活感到比较舒服和自由，就是能够尊重他人，尊重别人的隐私，包容性很强。大家都求发展，没有红眼意识，不会嫉妒你。这是现代公民的现代意识——尊重他人，但也要保护自己。在一些问题上，自己利益受损了，就寻求法律来保护，这是可以肯定的做法。从这个角度来说，我们讲平等，那就是要尊重法律。这恰恰是我们建立现代公民社会所应该具备的素质。比如现在建垃圾焚烧炉要求开听证会，这就是现代公民意识的表现。政府应该尊重公民的意见，应通过法律和相互协商去解决问题，否则现代社会建设很难推进。

三、要培育乐善好施的慈善意识。广州经济发达，乐善好施的氛围很好。民间有很多人自愿去寺庙里面做义工；在社会上，我们做义工的人也越来越多，扶贫济困、帮弱敬老已成为广大市民做善事好事的日常行为。我希望慈善行动能从政府去组织逐渐变成民间自发性组织，形成广州特色的慈善风气。

四、培育低碳环保的绿色意识。广州市政府做得最好的，就是将垃圾分类作为一个重要的工作来抓，以提升整个城市的卫生水平，乃至于绿色城市的水平。这是培育市民环保意识的一个重要手段意义不可低估。随着垃圾分类的逐步实施，广州市政府成为引领全国低碳环保意识的一面旗帜。其他城市还没有做到，很多地方还没有提出来。不要小看这个工作，它意义深远。台北提出垃圾分类，马上就树立了台北市政府的形象。广州市一定要做好这个工作，不能半途而废，要抓到底，抓出成效。

五、培育现代的审美意识。广州是现代舞团的所在地，在全国乃至国际上都很有名，广州应该重点打造现代舞团。还有流行音乐和话剧市场，这些都是现代文化的表现。台湾的话剧、舞剧在广州都有很大的市场，应该重点抓好文艺表演市场的建设。

在树立现代文化价值引领时，必须具有广州特色，同时也要注意对历史传统的保护、利用、开发，使传统在现代价值的关照下焕发生机。

创意城市建设随想

蒋祖烜

湖南省委宣传部副部长
省文化体制改革和发展工作领导小组办公室主任

  创意，已成为中国许多城市的新追求。观赏纽约百老汇演出，探路洛杉矶好莱坞电影片场，深入首尔影视剧摄制基地，问学新加坡政府文化部门，拜访台北文创动漫企业，体验香港书展和动漫电玩展，漫游厦门鼓浪屿街巷，考察北京、上海、广州创意产业基地，生活于娱乐之都和休闲之都的长沙，在感受"这一个"城市鲜明个性的同时，也发现了"这一些"城市共同的气质，这也许是创意城市必要气质与必备要素。

  多元包容 差异构成魅力，多元来自包容。一座城市有胸怀接纳不同种族、宗教和移民，有能力让大众与小众、传统与新潮、主流与歧见共生，文化创意的种子就获得适宜的沃土，交叉地带将开出迷人的花朵。纽约城市人口构成中，黑人、意大利人、波多黎各人和爱尔兰人后裔占80%，来自世界各地的移民集聚于此，带来了世界各地、各种族和各民族的文化。新加坡在共同价值引领下倡导多元文化，100多万新移民带来了城市文化多元的可能。

时尚闪耀 创意之城往往是时尚之城，至少在某一两个方面有引领优势，或在内容生产，或在创意设计，或在消费潮流。一个封闭、固定、单一的都市，难以与创意城市结缘。米兰最初是以纺织服装的设计和成衣技术等轻工制造业为支柱产业，随着米兰的时尚走向世界，服装、工艺品、家具、珠宝、皮革等都在时尚的光环下迅速发展，时尚创意产业蓬勃发展，由此，时尚成为了米兰的标签，赋予这座创意城市的力量是无可估量的。上海和广州就曾长期交替引领中国的时尚风向。创意城市不仅要拥有创造时尚的能力，更要拥有营销和消费时尚的群体。

新锐发力 青年是社会的未来，也是创意城市极为宝贵的人力资本。沃尔特·迪斯尼在21岁完成了将一只老鼠变成一只米老鼠，史蒂夫·乔布斯成立苹果、比尔·盖茨创建微软都是21岁。从马云到马化腾，个人如此，团队也是如此。成功的创意来源于才华、激情和精力，青年特别是文艺青年意味着少有陈规而多有突破，携带着奇思妙想的勇气与胆魄。在文创企业中，那些平均年龄更低的团队，更富于锐气与活力。在城市中，由青年群体组成的这一新锐阶层正以富有新意和活力的姿态担负起创意城市的当下与未来。

夜色阑珊 夜生活是创意城市的重要指标。无论是纽约百老汇、新加坡克拉码头、香港兰桂坊，还是长沙歌厅酒吧一条街，它们不仅为普通人增添了夜生活的内容，更为创意人提供了灵感迸发的舞台。一个夜晚过于安静的城市，几乎与创意城市无缘。就在洛杉矶媒体热议当地夜生活较为冷清、各界献计献策的同时，新加坡克拉码头经过十年的积累，已经把新加坡河两岸变得热闹非凡。上海拥有2083家KTV，居全国之首；长沙每8143人就拥有一家KTV，这里因夜店散场所造成的深夜堵车，已由节假日逐渐演变成常态。以文化娱乐产业为主导的夜经济，已经形成色彩斑斓、块状明显的经济马赛克。

创意空间　城市需要创意诗化和美化，点亮城市的眼睛，妆扮城市的面容。创意空间不仅仅呼唤城市物理空间在内涵与外形富有文化的个性——古色、红色、绿色，异彩纷呈，不仅仅提供了创意人的功能空间，更重要的是建造了新的组织形式，以创意来配置资源。伦敦、纽约和巴黎分别拥有22个、16个和19个以上国家博物馆，400个、151个和122个音乐场所，可以说，它们是世界上最具创意文化活力的城市。北京798艺术区汇集了画廊、设计室、艺术展示空间、艺术家工作室、时尚店铺、餐饮酒吧等，为455余家文化创意机构（包括来自25个国家和地区的境外机构）提供了创意场所。创意空间是城市的会客厅，标榜着一座城市的激情和热忱；创意空间也是城市的休憩港，留住着城市的创意精灵。

明星登场　如果把创意城市比作一个舞台，那文化名人——名学者、名作家、名画家、名歌星、名演员、名设计师就是这个舞台上的主要演员。因为明星，吸引了更多眼球；因为明星，带动了普罗大众；因为明星，延伸了产业链条。伦敦奥运会闭幕式上，曾风靡世界流行音乐的辣妹组合、Muse乐队、乔治·迈克尔、凯特·摩丝等歌星纷纷登场献唱，凭借明星的号召力与影响力，让全世界在英伦音乐的感受和熏陶中见证这座城市的独特魅力。20年前，流行音乐蜚声全国，主要得益于毛宁、杨钰莹、陈明、李春波等明星旋风，他们的声音长久地将广州与流行音乐之城定格。当然，创意和设计大师也将成为新一轮被追捧的明星。名人明星的来来往往，带给创意城市不同凡响的魅力。

媒介通达 媒介的数量越多，音量越大，传播力越强，对创意城市的正能量就越大。从内部看，媒介本身就是创意的平台与载体；从外部看，媒介对于改变观念、传递信息、塑造品牌、沟通大众都有明显放大的特殊作用。北京的媒体和广告公司集群，构建了优势明显的传播力、影响力，上海的网媒如盛大网络，广州的报媒如南方日报、广州日报、深圳特区报，湖南的电媒如湖南卫视、长沙电视莫不如此，纽约、伦敦、新加坡等创意城市莫不是传统媒体和新型媒体的发达之城。媒介的另一层意义在于新媒体建设，特别国际化的网络及宽带，收集信息、展示创意、交流创意，是创造力的另一个源头。强大的媒介创造了创意城市区域甚至全球的旋风，也构筑了创意城市的坚实根基。

院校集聚 创意城市没有著名高等院校的支撑是不可想象的，而缺乏创意设计的专门院校或专业同样是不可想象的。以工业设计为例，中国大陆和香港地区进入世界工业设计前60名的高校分别为清华大学、同济大学、湖南大学、华南理工大学、香港大学，而对应的城市，恰好是在创意方面走在前面的。仅以上海环同济建筑设计产业带为例，依靠人的智力来创造经济效益，政府的倾力服务，大学的优势学科和师生的创业精神，共同造就了今日的"环同济"奇迹，已经连续跨越了一百亿、二百亿、三百亿大关。

除了感观与口碑，如何用数据来量化创意之城呢？在国际上通行的"创意之城"一般标准为：与创意产业直接相关的占城市 GDP 总量 10% 以上，创意阶层人数占城市总人口的 20% 以上，恩格尔指数下降为 30% 以下，第一次现代化程度超过 90%，第二次现代化指数超过 65%，完成起步期，进入发展期。

创意城市的"DNA"可能是与生俱来的，它的历史、地理、区位、民情与风俗，潜藏在它的街区、古迹和市民中间。创意城市气质也是可以与日俱增的，正如一个人的 DNA，遗传因素只占 30%，更多地可以从后天获取并加以改造，因此，不必过多强调既有的历史文化资源，而要提升"无中生有"的文化自信。

创意城市需要必备条件，但不存在绝对条件；创意城市有必然性也有偶然性；创意城市既要培养积淀的耐性，也要迸发只争朝夕的激情。

发挥政府的优势　政府的意志影响城市的气质，建设"创意之城"，要积极落实党的十七届六中全会精神，"发掘城市文化资源，发展特色文化产业，建设特色文化城市"。完成顶层设计，保护知识产权，提供资金支持。

借助中介的作用　行业协会、文化基金会等机构在创意城市建设中是平台、桥梁、纽带。

释放公司的力量　合格的文化公司，众多中小微文化企业，是创意城市的细胞，文化公司越多、越活跃，创意城市就越有根基和活力。

国际化城市的评价指标

金元浦

中国人民大学文化创意产业研究中心执行主任、教授

什么是国际化城市？最早出现的，是德国学者哥瑟在 1889 年提出的世界化城市概念。此后，在全球化背景下，世界城市以及后来的全球城市理论，有了很大的发展。从世界城市到全球城市，是因为全球化的到来，机械时代的到来。1966 年，英国地理学家、规划师彼得·霍尔在其著作《世界城市》(The World Cities) 中，对世界城市这一概念做了经典解释："世界城市指那些已对全世界或大多数国家发生全球性经济、政治、文化影响的国际第一流大城市。具体包括：主要的政治权力中心、国际贸易中心、拥有大的港口、铁路和公路枢纽以及大型国际机场等；主要金融中心；各类专业人才集要的中心；信息汇集

和传播的地方,有发达的出版业、新闻业及无线电和电视网总部;大的人口中心,而且集中了相当比例的富裕阶层人口;娱乐业成为重要的产业部门。"

传统的国际化城市评价指标

20世纪末的时候,大家对以前提出的世界城市,更多的人改称为全球城市。国际上的评测标准非常多,都是学者和各个相关领域的知名人士来设定的。

弗里德曼(John Friedman)提出了最为公认的世界城市评价体系,他采用了核心—边缘的方法,给出七项指标衡量什么是世界城市:金融中心、跨国公司总部所在地、国际性机构所在地、商业部门(第三产业)高速增长、重要的制造业中心、世界交通的重要枢纽、城市人口达到一定规模。根据这个标准,世界城市分为第一级、第二级两个档次。这里面最重要的是按照经济的标准。这样一个主导性的思想,贯穿整个对世界城市乃至后来的全球城市的测定,其背景就是以经济为核心。

科恩(R. B. Cohen)的跨国指数也是分析世界城市、世界大城市、世界国际化城市、环球城市的重要指数。这个指数以金融为重要的指标,其次全球的关联度也是非常重要的。

萨森(Saskia Sassen)、卡塞尔斯(Castells)预见了全球时代的到来,提出了全球城市的评判标准。国际上认可的世界标准,还有一个是拉尔夫堡大学"全球化和世界城市"(GaWC)研究小组提出的全球大城市评价指标,它主要是用研究世界城市网络的方法来研究。在所有的城市中,全球大城市所联络到的各种各样的信息、资金流量是最多的,以这个评价指标来评选最能够叫做全球城市的标准。

这些标准有一个重大的特点,就是最重要的关注点是经济,以经济指标、金融指标、对经济作出贡献的指标来做标准。但国际化城市的新思路不是这样的。在传统的现代化城市发展过程中,城市资源极大浪费;而新的思路中,生态、环境、人处于中心位置,还有政治介入程度,以及最重要的文化等要素,都空前地凸显出来。

国际化城市评价指标的新变化

随着文化产业、创意经济的兴起,人们又提出了创意城市的理念。过去的经济发展占绝对主导地位的情况已经发生变化。2008年美国《外交政策》杂志刊登了A.Tkeamey咨询公司和芝加哥全球事务理事会联合发布了全球城市的排名,这里主要有五个指标:商业活动、人力资本、信息交换、文化体验(这个指标被提到非常重要的位置,和商业活动几乎并行)、民主化和政治参与。

全球影响力城市的指数,这两年也发生变化。2009年10月,东京莫里会的城市战略研究所发布了对全球城市的一次全面研究结果。全球影响力城市指数排名依据分为6大类、69个个体指标。69个指标中,经济研究与发展、文化活动、宜居度、生态环境,都是最重要的指标。2010年总部在伦敦的世界城市咨询公司 Knight Frank LLP 和花旗银行一起发布了对40个预选世界城市的调查结果。这里又有新的变化,指标分经济活动、政治权利、知识和影响、生活质量。评价指标改变了原来的经济唯一性，逐步增加了政治权利、知识和影响、生活质量，生态环境等一系列新的元素。当然还有最近的，如查尔斯·兰德利的创意城市指标。

最近的 2012 年最新出版的美国《外交政策》杂志，认为世界重心城市的未来趋势是向南转移，而在其中起着更具决定性作用的，将会是"东方"。预测到 2025 年，40% 的发达国家城市将跌出全球 600 强城市榜单，被 96 个新兴城市取代，其中 72 个来自中国。在全球 75 座活力城市名单中，29 个是中国的城市。未来的发展，给我们非常大的动力，也给我们很大的启示。

总之，在全球城市研究的过程中，我们还面临着一系列问题，如文化的评测指标，尤其是与文化相关的民主政治、市民参与、文化体验等，创意城市中的创意产业等要素。这些都将成为未来最重要的评价世界城市、全球城市，国际化城市的标准。

文化转型与岭南文化

陆志强

广州市文化广电新闻出版局局长

当前,广州正处于经济与社会转型和新型城市化发展的关键时期,经济与社会的转型要求与之相适应的文化也要实现转型与新的发展。当代岭南文化既有其优秀的品质,也存在着一些局限性,必须适应改革开放与现代化发展的需要,推动岭南文化的现代转型,才能在新时期为广州新型城市化发展提供新的动力。

岭南文化的历史沿革与现状分析

岭南文化作为一种地域文化,历史悠久,独树一帜,在中华文化之林中占有重要的地位。在岭南文化的形成与发展过程中，广州成为岭南文化的中心。改革开放以来，广州作为我国改革开放的试验区和前沿地，许多理论和经验都出自于岭南特别是广州。岭南文化具有鲜明的文化特质，其特点是基于广府为中心的文化而显现的，集中体现在开放性、兼容性、重商性、务实性、直观性、多元性六个方面。"厚于德、诚于信、敏于行"的广东精神，也集中体现了岭南文化的优秀品质。

岭南文化在改革开放和现代化建设过程中，一些局限性也逐步表现出来，主要表现在：一是缺乏对精神文化的追求，二是缺乏立足长远、谋划全局的战略思想，三是缺乏理性的积累和沉淀，四是缺乏团队合作和集体主义精神。所有这些，与时代的要求已不相适应，甚至成为阻碍岭南广州发展与进步的主要因素。

同时，我们也应该看到，一方面，国家、区域之间的竞争与发展已经上行至文化的高度，未来的竞争将主要在文化软实力上展开；另一方面，仅靠经济发展的手段已经解决不了当今社会出现的主要矛盾和问题，需要依靠文化的手段才能解决，例如道德滑坡、信仰缺失等问题。当今的广州，岭南文化所处的社会环境与条件、人口结构与组成发生了明显的变化，岭南文化的构成与内涵、责任与使命也已经发生了明显的变化，传统文化体系濒临解构和崩溃，现代文化又还没有成长起来，传统与现实、民族文化与西方文化之间的矛盾与冲突加剧，这种精神上的贫困和价值观的混乱严重制约着现代化和新型城市化发展的进程。

因此，作为岭南文化中心地的广州，必须主动适应时代的发展要求，研究岭南文化的现代使命、发展方向与途径，查摆存在问题，提出有效的对策措施，引领广州新型城市化发展，实现新的跨越。

推动传统文化的现代转型，重建当代岭南人文新精神

岭南文化能否成为广州今后发展重要的推动力，取决于这种文化形态能否适应社会与时代的变化，实现现代的转型。其中文化的精神和价值层面，是文化转型与发展的核心，对文化的发展具有重要的指引和支撑作用。

文化转型意味着在某种程度上同传统决裂，这里指的是在文化价值观上同传统决裂，而不是抛弃我们的物质与非物质文化遗产。因此，必须着重在文化价值观上实现转型，传承和弘扬岭南人文精神中的优秀、积极的品质，率先进行体制文化和观念文化的创新，凝练共同价值追求，建立共同理想信念，构建社会主义核心价值体系，为广州赋予与新型城市化发展进程相适应的文化价值观和城市人文精神。一是形成科学发展的新思路，按照"四位一体"的总体布局，以人为本，统筹兼顾，尽快将文化建设的这块短板补上，实现协调发展和可持续发展；二是弘扬敢为人先的新精神，增强勇立潮头的意识，增强自主创新的意识，增强现代公民的意识，彰显现代都市人文风范；三是培育开放兼容的新胸襟，更加自觉地扩大对外开放，推进岭南文化与外来文化的融合,增强岭南广州的亲和力和影响力；四是展示务实进取的新形象，重视民众信仰体系建设，充分发挥岭南文化务实的优势，加强岭南文化的理论总结与提升，使之释放出更加强大的活力。

重振岭南人文精神，守望我们的精神家园，必须充分发掘岭南文化的优势，与时代要求相适应，与现代文明相协调，自觉实现岭南文化的现代转型，塑造"开放兼容、公平正义、敢为人先、务实进取"的现代城市人文精神，成为新一轮思想解放的文化渊源和强大动力。

以新型城市化发展为目标，兴起广州文化建设的新高潮

当前，适逢文化建设的重要机遇期。我们必须认真学习贯彻党的十七届六中全会精神，认真学习贯彻市委关于走新型城市化发展道路的战略部署，增强文化自觉和文化自信，在促进文化价值观转型的同时，在具体文化工作层面以现代内涵融会和充实岭南传统文化，引导我市文化向现代的、民族的、社会主义的现代都市文化发展，着力提升文化的承载力、影响力、竞争力、凝聚力和创造力"五种力"，不断提升文化软实力，为繁荣岭南文化、建设文化强市、培育世界文化名城奠定坚实的基础。

（一）加强岭南历史文化资源保护利用，提升文化的承载力。一是建立健全文物保护体系，加快制定《广州市文物保护规定》，全面编制各级文物保护规划，抓好重点文物保护单位的维护和修缮，建立文物安全监管网络，建立全市文物档案信息资料数据库，建立科学规范的文物利用制度；二是建立健全博物馆体系，鼓励和支持各类博物馆建设，完善文物收藏机制，推进博物馆信息化、数字化建设，进一步提高陈列科技手段和服务水平，建设"博物馆之城"；三是建立健全非物质文化遗产保护体系，加快建设各类非遗展览馆、展示馆和固定传习场所，对各非遗项目技艺资料进行整理和研究，及时进行抢救保护、有效传承和产业开发；四是建立健全历史文化名城保护体系，重点塑造"千年商都"、近现代革命史、南越国以及古城中心城区等历史文化品牌。

（二）打造文艺精品和文化活动品牌，提升文化的影响力。构建全国一流的文艺创作基地，扩大演艺文化品牌的影响力。建立健全文艺创作生产的管理机制，改变投入方式，引导和鼓励社会力量支持文艺事业。加强新创剧目和传统经典剧目在本市的演出，鼓励和支持市属文艺单位和社会机构建立一批商旅剧场。同时，坚持举办中国音乐金钟奖等大型文化活动，今年尤其要办好中国（广州）星海国际合唱锦标赛和羊城国际粤剧节。以市场化、产业化运作为目标，不断提高大型文化活动的水平。

（三）加快文化产业的转型与发展，提升文化的竞争力。一是加强引导和调控，形成比例协调、科学合理、适应文化市场发展的产业结构。根据各行业不同的产业化、市场化程度，重点抓好新闻出版业、广播影视业、动漫网游业、版权业、文化会展业、演艺业、工艺美术业以及其他新兴文化业态。二是加强培育和认证，催生一批集聚发展、影响广泛的产业园区和龙头企业。实施产业集聚战略，制定资金扶持办法、园区和重点企业认定办法，认定和申报一批文化产业示范园区。培育一批主业突出、辐射能力强的大型新闻出版企业和企业集团、文化流通企业和文化会展企业，鼓励和发展文化产业总部经济。

三是加强搭建与管理，建立完善交流合作、投资交易的文化产业发展平台。着力构筑文化产业交易、投融资、基础数据、科技共享、协调管理平台。四是加强监管与服务，建立健全规范有序、繁荣发展的文化市场体系。净化和规范文化市场，加快形成统一开放的文化市场体系，大力推行连锁经营、物流配送、电子商务、电影和演出院线建设，健全文化市场中介机构和行业组织，引导和促进文化市场消费。

（四）建立健全公共文化服务体系，提升文化的凝聚力。一是进一步完善公共文化服务设施。加快完成"十一五"期间未完成的文化设施工程，同时科学规划文化设施用地，加快形成与世界文化名城相适应的文化设施体系，加强基层文化设施的建设与管理，使广州文化设施水平逐步从满足户籍人口提升到满足常住人口的标准。二是不断提高公共文化服务水平。制定地方性法规《广州市图书馆条例》，建立完善全市公共图书馆城域网络和"图书馆之城"。推进"文化上网工程"，不断提高文化信息的传播和服务水平。巩固广播电视"村村通"、"户户通"的成果，加快推进无线覆盖工程建设。按照每村每月放映一场以上电影的要求，坚持开展农村公益电影放映活动。积极开展到农村、进社区送展览活动，推动公共博物馆、纪念馆、美术馆、图书馆和文化馆等免费开放。三是广泛开展群众性文化活动。着重抓好送戏下基层活动、群众文化调演活动、培训与辅导活动、民俗节日与区域性品牌活动。必须统筹城乡文化发展，加强农村文化建设，重视农民工群体的文化服务，做到共建共享、一视同仁。

（五）创新文化管理体制与机制，提升文化的创造力。一是提高文化行政管理效能。推动文化管理职能转变，理顺政府与文化企事业单位的关系，实现政企、政事和管办分开，着重抓好政策法规、指导服务和监督管理等工作。二是深化文化体制机制改革。推进文化事业单位改革，按照事业单位分类改革的要求，对公益性文化事业单位给予财政保障。解决文艺院团转企改革后的突出问题，推进改革向纵深发展。推进国有文化企业的转制改革，加快实现转型升级。三是形成富有活力的全民参与格局。建立文化事业和文化重大项目社会听证和专家咨询制度。推进各项文化平台、载体和项目市场化运作，鼓励社会力量捐助和参与文化建设。四是全面提升广州文化的国际化水平。通过多种渠道，加强文化项目的国际合作，推动文化走出去，扩大在国际市场的占有率和影响力。创造宽松和谐的文化环境，有计划地吸收和引进世界各国优秀文化成果，加强世界各国著名城市的交流往来，逐步确立国际文化展示和交流中心的地位。加强穗港澳、珠三角乃至更大范围区域文化的深度合作，实现科学分工、区域互补，构筑共建共享、一体化发展的珠三角文化圈。

继承弘扬广府文化
彰显广州世界文化名城的历史本色

武延军

中共广州市越秀区委书记
区人大常委会主任

如何彰显广州世界文化名城的历史本色？我认为最重要的一点，就是要以继承弘扬广府文化为主。民族的，才是世界的。广府文化是广州的本土文化，是广州作为世界文化名城的根基和灵魂。广州培育世界文化名城，离不开独具广州特质的本土文化的依托，离不开集广州历史传统、文化底蕴、时代风貌和价值追求于一身的广府文化的支撑。

近年来，广州市委、市政府高度重视，以空前的力度推进文化建设。今年年初，市委书记万庆良在党代会上作出了培育世界文化名城的战略部署，提出了打造"广府文化核心区"的目标要求，明确了以文化引领工程推动新型城市化发展。陈建华市长提出广州要实现三个梦想，其中之一就是广州要争创广州历史文化名城新辉煌，在挖掘保护和继承弘扬广州历史文化中做守望者、建设者和维护者。广州文化建设迎来了前所未有的机遇，处于推动新型城市化发展和建设世界文化名城的新起点。

越秀区作为广州两千多年不曾改变的城市中心，在建筑、艺术、宗教、饮食、民俗等领域处处展现出广府文化悠久的历史渊源和鲜明的个性，被称为"没有围墙的博物馆"。越秀区得天独厚、不可复制的历史文化资源，是打造广府文化核心区的坚实基础，也是助推广州培育世界文化名城的重要支撑。我们将按照万庆良书记关于"越秀区最大义务是传承历史文化"和陈建华市长关于"整合越秀文化资源，在广州建设世界文化名城中起到示范作用"的指示精神，努力走出一条城市智慧、社会文明、精神幸福的新型城市文化发展道路。

一、加强广府文化的研究、宣传和推广，彰显文化名城魅力。广府文化在岭南文化三大体系中，地位最突出，但其学术研究和影响力等方面远不如潮汕文化和客家文化。因此，如何联合高校和机构打造广府文化研究平台，彰显广府文化魅力，让更多的人了解和接受广府文化，广泛展示和传播广府文化，需要我们作更多的努力。

二、实施文化遗产保护开发工程，凸现文化名城特色。我们将更加自觉地承担保护广州城市肌理、传统建筑和人文积淀的责任，把文化遗产保护挖掘与开发利用结合起来，延续广州历史文化名城的命脉，凸现世界文化名城特色。具体来说，就是要推进历史文化街区的保护传承与更新改造，保护具有悠久历史的民居、祠堂、街巷等，打造广府文化风貌集中展示区；大力发展文博事业和文博产业，在全区形成主题鲜明、门类多样、各具特色的博物馆群；大力扶持广府非物质文化遗产的传承发展，打造广府非物质文化遗产展示之窗。

三、加快北京路广府文化商贸旅游区建设，打造城市名片。西安大雁塔、上海城隍庙、南京夫子庙等文化品牌都以历史文化资源为依托，整合商贸、旅游等元素，规划建设文化集聚片区，打造城市文化名片。广州培育世界文化名城应充分借鉴其他城市的经验，把突破口和着力点放在建设传统文化和现代文明有机融合的区域或载体上，打造广府文化核心区。北京路及其周边区域是广州广府文化底蕴最深厚、人文资源最丰富、文化元素最多元的区域，是广州传统文化和现代文明的有机融合的典范，理应成为广州市培育世界文化名城的重要载体。目前，该区域已完成广州城市原点建设、广州城隍庙修复等一批广府文化标志性工程。接下来，我们将在市委、市政府的支持推动下，高标准规划建设北京路广府文化商贸旅游区，加快实施广东省非物质文化遗产馆暨书院街复建、南越王宫博物馆、南粤先贤馆、文德路文化街改造、大佛寺扩建等重点文化项目，将该区域打造成为集"源地、核心、本土、时尚"特色于一身的广府文化展示区和体验区，成为彰显广府文化特色的城市名片。

四、促进文化和经济融合发展，推动千年商都转型。改革开放30多年来，越秀区依托得天独厚的资源，推进了文化、教育、文博、会展、旅游等行业快速融合发展。今后，我们将以"广府文化源地、千年商都核心"的禀赋优势为基础，以功能提升再造为切入点，进一步促进文化优势转为经济优势，努力实现"现代服务业高端发展、广府文化特质鲜明、城市功能多元复合、创新要素高度集聚",推动千年商都向现代商都、智能商都转变。

五、注重广府文化与社区文化结合,构建城市幸福家园。文物古迹、历史建筑等是广府文化的"形";务实进取、开放包容等是广府文化的"神"。只有"形神兼备",广府文化才有生机活力。我们将继续从社区抓起,鼓励扶持基层深入挖掘社区历史文化资源和人文内涵,打造更多的"一社区一特色"精品社区,提供更加优质的公共文化服务,增强居民群众的认同感和归属感,构建社区群众共同的精神家园。

广州国际化与文化名城建设

仲伟合

广东外语外贸大学校长、教授

在全球化浪潮迅猛发展的当今时代,城市的发展离不开世界,新型城市化发展更需要国际化。作为中国华南第一大都市的广州秉承国际化发展的理念,在加强与国际社会的全面融合互动,极大地推动全球范围内的资金、人才、信息、文化、技术的流动,从而构成全方位大规模的资源流动空间,建设新型网络化发展的国际城市方面已经迈出了坚定的步伐,取得了举世瞩目的成就。

今天我们探究城市的国际化发展,从"质"和"量"两个方面不断提升广州城市发展中的"国际元素"当然是题中应有之义,但更具意义的是要强调"国际元素"和"本土元素"的交汇融合。"民族的就是世界的",广州要向全世界"秀"出广州亮丽的城市名片,地球上无论什么地方的人们,尽管他们肤色各异、语言不同、宗教信仰和文化背景不同、职业不同,但只要看到这张名片,他们就能脱口而出,由衷地赞叹一声:"噢!这是广州!"培育世界文化名城,正是打造广州城市名片的法宝。鉴于此,广州相应提出"到 2020 年,把广州培育建设成为具有深厚历史内涵、浓郁地域特点、强烈时代特征、鲜明文化品格、高度创新精神、国际化程度较高的世界文化名城"的目标。

从历史文化方面看,广州是具有 2200 多年建城历史的文化名城,拥有大量的历史文化遗迹和独具魅力的城市文化。广州是岭南文化的中心、古代海上丝绸之路在华南地区的起点、中国近现代革命策源地和现代中国改革开放的前沿。作为中国第一批公布的国家级历史文化名城,广州无论是岭南特色文化,还是文化创新能力、文化辐射力,都具有深厚的历史文化底蕴。

广州还是中国率先提出建设国际大都市的城市,同世界城市联盟和国际大都市协会展开了全面互动与合作,与遍布五大洲的数十个姊妹城市和友好合作城市建立了深厚广泛的合作关系;广州建有现代化的大型空港和海港,有世界著名的会展设施,每年举办春秋两季"中国进出口商品交易会";数十万各国客商常住广州,还有数以万计的海外留学生在穗求学,大量外国专家以及跨国公司管理高层和技术人才在穗工作,另外每年还有数十万过境或专门到访的国际游客。凡此种种,足以提升我们将广州建设成为国际化世界文化名城的信心和底气。

同样不可否认的是广州离世界文化名城仍有距离。当前广州的发展更应注重如何打造文化名片，建设文化之都，培养世界文化名城，为此特提出以下战略思考方向。

第一，加深对广州文化的认识，彰显广州的特色文化资源。广州文化的核心是岭南文化，包括饮食文化、粤商文化、民俗文化、地方语言文化、水文化、塔文化、茶文化、宗教文化、近现代史文化等丰富的内容，这些都是广州值得骄傲、需要精心保护和传承的文化瑰宝，也是广州在培育世界文化名城中应该彰显的各项文化资源。广州要成为世界文化名城，首先要传承和发扬岭南文化，打造一批具有广州特色、岭南风格、影响广泛的文化品牌，通过各类媒体充分地向世界展示广州文化的独特魅力。

第二，做好文化遗产保护工作，并加以合理利用。广州历史悠长，文物古迹众多。现有国家、省、市三级文物保护单位超过200处，如最富岭南建筑特色的骑楼和"西关大屋"、光孝寺、石室圣心大教堂、南越国宫署遗址、南越王墓、南越国水闸遗址等。这些都是广州文化历史沉淀的精华所在，充分体现了历朝历代广州人民的聪明才智，自然也就成为广州向世界展示城市名片中的重要元素。

第三，科学规划，积极发展文化创意产业。目前，广州文化创意产业链不完整，行业间尚未形成联动与合作，且缺乏技术交流与专业分工合作，没有形成明显的垂直分工和广泛的水平分工，难以体现产业集群的规模效益和产业合力。为此，要在加强知识产权保护之余，着力搭建公共技术服务平台，充分发挥该服务平台的展示、咨询、信息、交易、保护等功能，促进文化创意产业集群发展。

第四，提升广州的适宜度，广泛吸引国际化人才。广州培育世界文化名城离不开人才，尤其是国际化人才。广州要延揽国际化人才，就一定要让广州成为世界上"最适宜生活的城市"和"最适宜工作的城市"。既能够给卓越的国际化人才提供足够的物质待遇，更能够营造他们对广州的情感认同。让他们愿意生活在广州，愿意工作在广州。

第五，打造广州具有标志性意义的、国际化特色鲜明的高等学府。高等学府尤其是像牛津、剑桥、哈佛那些具有独特文化魅力的高等学府无不与所在城市融为一体，成为城市的灵魂。广州要建成世界文化名城，这样的高等学府是必不可少的重要载体。

我的大学，广东外语外贸大学，是一所具有鲜明国际化特色的大学，是华南地区国际化人才培养和外国语言文化、对外经济贸易、国际战略研究的重要基地。

广州是一个有着深厚岭南文化积淀的城市，是一个有着优良开放传统的城市。她从历史和传统中走来，她向现代和未来奔去。世界文化名城的培育，正是彰显广州特色，体现历史与未来交汇融合，从而推动国际化发展，推动广州的新型城市化发展。

论坛总结

全球建设国际化中心城市的新思路
——建设国际化城市的条件、要素与指标

金元浦

中国人民大学文化创意产业研究中心执行主任、教授

改革开放以来，我国城市的面貌发生了根本性的变化。2009年以来，我国成功应对国际金融危机的冲击，城市发展上了新的台阶，人均GDP超过4000美元。这标志着我国经济社会发展进入了一个新的阶段。在这样的背景下，全国有180多所城市提出了建设世界城市、国际化城市的新目标，这是我国城市发展理念向更高的开放性的一次飞跃，也是发展战略的一次重要的提升。

世界城市、全球城市、国际化城市的研究与判定指标

什么样的城市才算得上是世界城市、全球城市？怎样才能判定和测度国际化城市呢？传统的现代性理念和国际城市发展中，经济发展占有绝对主导的地位。在全球竞争中以自身主导的产业赢取成功，是城市发展的主要目标。所以，城市管理者更关注CBD、产业集聚区、机场、高新技术园区与跨国公司的发展。世界城市有多种含义，各国学者分别提出了各自的衡量指标。

英国地理学家、规划师彼德·霍尔（Peter Hall）1966年在其著作《世界城市》（*The World Cities*）中对世界城市这一概念做了经典解释："世界城市指那些已对全世界或大多数国家发生全球性经济、政治、文化影响的国际第一流大城市。具体包括：主要的政治权力中心；国际贸易中心，拥有大的港口、铁路和公路枢纽以及大型国际机场等；主要金融中心；各类专业人才集聚的中心；信息汇集和传播的地方，有发达的出版业、新闻业及无线电和电视网总部；大的人口中心，而且集中了相当比例的富裕阶层人口；娱乐业成为重要的产业部门。"

后工业社会，要想在世界城市网络中占有一席之地，已经不能只靠单一核心城市的力量，所以依托中心城市构建城市圈的合理空间布局是当今世界城市发展进程中的一大趋势，戈特曼（Jean Gottman）于1957年提出了"城市圈（Megalopolis）"理论。而弗里德曼（John Friedmann）于1986年，采用"核心—边缘"的方法，给出了七项指标用来衡量世界城市：主要的金融中心、跨国公司总部所在地、国际性机构所在地、商业部门（第三产

业）高速增长、重要的制造中心、世界交通的重要枢纽、城市人口达到一定规模。这些衡量的指标开始注重在经济全球化过程中城市发展的市场外扩与功能延伸。在此基础上，他将全球30个主要城市，按其所在国家的经济社会发展水平分为两个部分：核心国家（发达国家）和半边缘国家（新兴工业化经济体），然后又根据上述指标将之分为"第一级城市"和"第二级城市"两个档次。他的这种评价体系局限于资本主义经济体系内部的空间格局排列，虽然比较宏观，指标体系也比较全面，但可操作性不强。

经济学家科恩采用"跨国指数"和"跨国金融指数"方法，认为只有当这两个指标均位于前列的时候，这个城市才能被认定为"全球城市"。跨国指数指在全球最大500家工业公司的某一城市所发生的海外销售额占这500家公司的海外销售总额的比重及它的销售总额占这500家公司总销售额的比重，如果这个指数大于1.0，则该城市属于国际中心城市，在0.7至0.9之间则属于国内中心城市。从全球范围看，只有纽约、伦敦、东京在两项指标中均居前三位，所以这三个城市属于全球城市。

萨森从经济全球化的角度，将全球城市看作各类国际市场的复合体，是外国公司的主要集聚地和向世界市场销售生产性服务的主要集散地，同时由于这些城市在全球经济运作中的重要作用，所以全球城市也应当是国际性不动产市场最重要的所在地。为此，他提出全球城市应是主导性的金融中心、主导性的国际货币交易中心、国际性不动产市场。萨森用这三项要求分别对17个最大城市和城市圈的跨国公司总部数量、资本数量、股票价值总量、房地产项目等进行比较分析，结果是纽约、伦敦、东京是名副其实的全球城市。

卡勒鲍特（Carlabbott）认为，按照经济的专门化功能，20世纪后期的国际性城市至少可以分为三类：一是国际型生产城市，直接为世界市场服务，致力于出口商品生产的国际化或拥有大国际企业的分厂；二是国际型通路城市，指历史上欧洲人进行海外定居的地区和殖民地的一些城市，如美国历史上的一些商业城市和19世纪欧洲扩张时一些殖民地城市都属于这一类；三是国际型交易事务城市，指向跨国市场提供专业技术、金融服务和个人服务的城市。经过比较，纽约成为美国首屈一指的国际性大城市。

诺克斯（Knox）1995年提出，用功能分类的办法可能更有效，他根据以下三个功能将世界城市分类：首先是跨国商务活动，由入驻城市的世界500强企业数来衡量；其次是国际事务，由入驻城市的非政府组织和国际组织数来衡量；最后是文化聚集度，由该城市在国家中的首位度来体现，比如其与全国最大的次大都市的人口之比。

卡塞尔斯（Castells）非常强调国际城市与全球各地的流量（例如信息、货币、人口、物资等流动），指出世界城市的产生与再发展是通过其流量而不是它们的存量凝结来实现的。1999年，Godfrey和Zhou建议，在确认全球和地区中心时，不仅要考虑跨国企业总部的数量，跨国企业分公司的因素也需考虑在内。

全球建设国际化中心城市的新思路

在全球化的推动下，世界城市的发展出现了新的趋势。城市功能由经济主导型或经济唯一型向综合平衡的更加社会化的功能转变；全球城市的发展更注重城市社会功能的开发，更注意城市的形象，城市的文化，城市的品牌。注重解决城市的公共服务和市民的社会政治权益，防止社会分化，促进经济和社会的协调发展等问题。

2008年10月，美国《外交政策》杂志发布了全球城市的排名，基于对24个度量方法的评估，分为五个领域，包括商业活动、人力资本、信息交换、文化体验以及政治参与。这里特别谈到了信息交换在信息社会中的重要意义。文化体验、政治参与也再次得到了强调。总排名里面可以看到，纽约、伦敦、巴黎、东京在总排名中居于前列。从分项看，巴黎在信息交换上是世界第一，伦敦在文化体验上是第一，纽约在人力资本、商业活动上和整体上都是第一。香港在人力活动上居世界第五位，它在总体上也居世界第五。北京总排名十二，但是在政治参与方面在世界上排名第七，是比较靠前的。上海总排名第二十，商业活动排名第八。

2009年10月，东京莫里会的城市战略研究所发布了对全球城市的一次全面研究结果。全球影响力城市指数排名依据分为六大类，69个具体指标。这六大类是：经济、研究与发展、文化活动、宜居度、生态和自然环境、容易接近的程度。这里世界城市的标准设定又比过去的研究前进了一步，强调了"研究与发展"和"文化活动"的重要性，这是以前的世界城市评价中很少考虑的。特别是宜居度，排名结果依然是纽约第一，伦敦第二，巴黎第三，东京第四，新加坡第五，香港第十。

2010年世界城市咨询公司Knight Frank LLP和花旗银行一

起发布了对 40 个预选世界城市的调查结果。有四个参数，包括经济活动、政治权利、知识和影响、生活质量。这一欧洲排名除了经济活动之外，强调了政治权利，文化上强调知识和影响，特别提出了生活质量，包括环境、生态、舒适度、幸福感等。排名依然是纽约第一、伦敦第二、巴黎第三、东京第四，北京政治权利第九，香港进入十四，上海经济活动优势进入第十九，这是 2010 年的排名。

这些国际上的相关理论与实践都将为我国城市建设世界城市提供可资借鉴的经验，推动我们按照我国发展的现实去探索具有中国特色的国际化城市之路。

建设国际化城市的新条件、要素与指标

我国在 20 世纪 80 年代开始了对城市国际化的研究，但对城市国际化评价的指标还主要集中在城市的基础建设方面。最早出现的评价是中国人民大学舆论研究所会同青岛市政府办公厅 1995 年邀请 60 位知名专家学者参与对国际化城市进行了一项"特尔斐法"研究。最终专家们从中选出了"最为关键的指标"五项（年资金融通总量、年人均生产总值、港口吞吐量、外汇市场日交易量、外贸转口额）以及其余十三项"基本指标"和"参考指标"等，都集中在城市基础建设方面。而近年北京上海等地对世界城市、全球城市与国际化城市的研究打开了思路，开创了研究的新局面。

在探索最新的世界城市—国际化城市的要素中，文化具有了前所未有的地位。20 世纪末以来，随着文化产业、创

意经济的兴起，文化日益成为城市经济的支柱产业，成为城市发展的驱动力。而独特的富于魅力的文化品格、城市形象和市民人文素质，也成为全球关注的中心，因而也成为世界城市获得最佳品牌效应的重要途径；文化多样性和宽容和谐的城市氛围，使得像巴黎这样的世界城市得到了更多的青睐。而优异的创业环境、高阶舒适的生活、文明的城市环境，也使新加坡、悉尼、香港等城市成为吸引外来人才和国际人口的重要目的地。美国 A. T. Keamey 咨询公司和芝加哥全球事务理事会联合发布的全球城市的排名，在商业活动之外突出了文化体验以及政治参与。东京莫里会的城市战略研究所发布了对全球城市的研究结果将文化活动、研究与发展、容易接近的程度作为衡量的重要指数。这些都反映了文化在当今世界城市建设与发展中发挥的日益重要的作用。

进入 21 世纪，创意产业在全球勃兴，对创意城市的探索也风起云涌。英国学者查尔斯·兰德利提出了九项测度创意城市的指标：关键多数、多样性、可及性、安全与保障、身份认同与特色、创新性、联系和综合效益、竞争力和组织能力。这些标准需要纵贯经济、社会、环境与文化四个层面。而其指标如"关键多数"则会涉及经济、社会、文化诸多方面。每一个力图成为国际化的城市，都要在价值链上步步高升，以争取自身的核心地位，控制出口和低成本活动，同时吸引研究与知识创造中心、总部、先进制造业和服务业，以及文化艺术创意等高价值活动，最终成为某种中枢。

2006 年，城市营销和城市品牌专家西蒙·安浩（Simon Anholt）提出了城市品牌指数（CBI）。这些指数包括知晓程度、地缘面貌、城市潜力、城市活力、市民素质、先天优势等六项一级指标，又称"城市品牌六边形"，每个一级指标下又细分为若干二级指标。西蒙·安浩对城市品牌的六个维度模型进行了详细的论述。品牌城市的品牌魅力在于城市广泛的影响力、普遍的美誉度、巨大的辐射力、强烈的吸引力，以及高度的认同感和强大的竞争力。城市的品牌是城市风格的展示，是城市个性的表达，是城市文化的集中体现，是城市整体功能的抽象象征。社会人文方面要考虑外国领事馆数量、国际性机构数量、NGO组织数量、与外国建立姊妹城市的数量、高等院校数量、大型国际会展数量，和谐的社区文化与公共文明秩序、市民文明素质，以及城市的文化影响力、城市品牌的形成、外语普及率、外来文化影响度、休闲娱乐和公共艺术等。另外，还需要经常地开展国际科技、教育、文化、体育等交流活动。国际化中心城市需要具有一定的人口规模，又为人口之多所累，更重要的是需要注意人口质量，如人口学历比重、精英人才数、留学生数、新移民数量、外国人口的出生数、外国旅游者数量、农民工及流动人口数量。信息化是文化与科技高度融合的产物，现在成为世界城市发展的"神经中枢"，而城市的信息流动是衡量其是否为世界城市的重要指标。建设新型世界城市，必须高度关注高新科技产业和信息产业，关注通讯传媒技术、信息网络技术，以及信息产业方面所需硬件设备的制造等。因此信息文化也成为评价、检测的核心要素。

英国拉夫堡大学"全球化和世界城市"研究小组（GaWC）创造了一种以通过研究信息交流的数量的方式研究"全球化城市网络"的方法，其大多数研究是关于城市内部结构和城市间相同性的比较分析。这个研究小组的负责人认为，世界城市网络是在高级生产性服务业的全球化进程中，国际城市之间形成的关系。根据其观点，过去几年间，以北京和上海为代表的中国城市进一步融入世界城市网络，在"世界城市"中的地位有了明显的提高。

当今主要的世界性大都市都将信息化作为提升城市形态的基础性战略措施。纽约提出了"互联城市"（connected city）计划；伦敦在远期城市规划中提出了发展"互联经济"（connected economy）目标；东京利用全国乃至世界信息中心的优势地位，成为战后新兴世界城市；新加坡提出"智慧国2015"（iN2015）计划，通过发展信息产业实现向世界城市的迈进。可以说，信息化、数字化、网络化成为世界城市经济社会的基本运行方式，成为世界城市软实力的重要组成部分。在新的世界城市的发展中，各国高度重视节约资源，保护生态，关爱环境。生态平衡的宜居环境在城市发展中日益具有重要地位。自然环境良好、空气质量上乘，并拥有富有特色的丰富旅游资源、追求低碳目标、循环经济与可持续发展，建设宜居城市，成为建设世界城市的新的重要目标。

总之，文化是我国城市建设世界城市或国际化城市的最重要的资源和特点，社会和谐是建设世界城市的最重要的保证，以人为本、关注民生、提升市民的幸福指数，是建设世界城市的出发点。在建设世界城市的探索中，我国城市除了要借鉴各个世界城市如纽约、伦敦、巴黎、东京的基本构成和各自的独特成就外，还要选择最合宜的"点"来重新"合成"，如纽约的百老汇、伦敦的创意产业、巴黎的文化底蕴，创造一个具有独特品格的东方文化型的世界城市。

未来世界城市、国际化都市或世界中心城市的发展趋势

那么未来全球关于世界城市、国际化都市或世界中心城市的发展趋势如何呢？东方城市逐渐兴起，西方城市相对式微，中国城市将对世界城市格局转移产生重大影响，而中国各个城市将不得不面临新型城市化的再思考。2012年8月20日出版的美国《外交政策》杂志认为，在历史的任何时候，城市，从没如此重要过。如今，全世界有600个城市正在创造全球约60%的GDP。到2025年，这种情况依然不会有太大的变化，只是构成这600个城市的精英成员会有很大的变化。在接下来的15年里，世界的重心城市将从欧美向南转移，而在其中起着更具决定性作用的，将会是"东方"。2010年，全球GDP的一半出自发达国家的362个城市。预测认为，到2025年，除了纽约、东京、伦敦、芝加哥等超级大都市，1/4的发达国家城市将跌出全球600强城市榜单，被96个新兴城市取代，其中72个来自中国。在全球75座活力城市名单中，中国有29个城市入选，约占四成。上海摘得该榜单桂冠，京津紧随其后，广州名列第五。中国的城市化正以前所未有的步伐推进，其规模是世界首批城市化国家英国的100倍，速度则是其10倍。仅在过去的10年，中国居住在城市的人口就从36%增加到近50%。2010年中国的大都市地区制造了中国GDP的78%。如果这种趋势保持的话，中国的城市人口将从2005年的近5.7亿增长到2025年的9.25亿——这个增长数量比美国全部人口都要多。与中国城市竞相崭露头角不同，只有13个美国城

市和 3 个欧洲城市入榜。由于欧美增长乏力，世界经济平衡将以前所未有的速度和规模通过城市化的进程由西方向东方倾斜。

冷静地审视《外交杂志》的文章与排名，我们清醒地看到我国城市发展中的一系列重大问题与困境：大量的人口向城市特别是中心城市聚集，人口饱和，环境承载力危机，已经出现一系列的重症"城市病"，如交通拥堵、生活成本日益提升、城市功能高度集中、地价飞升、环境恶化、文化消弭、公民社会权益弱化等。这使得城市居民的生活质量日益下降，宜居度下降，幸福感缺失。从世界城市化的发展历程来看，"集聚—高度集聚—困境—分散"也许是一个不容选择的发展过程。城市化初期，总是高度集聚，而高度集聚的困境，使人们痛定思痛，希望城市的未来不要如此拥挤：城市的空间结构由高度集中逐步走向分散化结构。如欧洲城市，已经停止了扩张。这种城市发展的新趋势也许将改变未来世界城市的发展趋势。但不幸的是，也有数据显示，世界超大型的城市似乎仍然加速扩张。

建设国际化中心城市是一个关乎国家和地区发展的复杂而长期的过程，需要从高层次上进行制度创新，形成日益完善的城市管理制度、经济制度、法律制度、社会保障制度，来为世界城市的建设保驾护航。因此，建设世界城市，必须首先关注国家总体发展战略和区域发展大局，以此为指导，确定城市发展方向。而我们所要建设的世界城市应该是政治民主、制度合理、经济发达、基础设施完善、科学技术水平先进、信息网络通畅、高新技术人才聚集、生态环境良好的，对世界政治、经济、文化都具有强大影响力的，可持续发展的国际化大都市。

"海上丝绸之路"与广州文化名城建设

饶芃子

暨南大学教授

广州作为拥有2200多年建城历史的文化名城,具有其自身独特的文化特色,特别是本地区人文环境和人文精神的特色。而这些文化特色,都与广州是"海上丝绸之路"的发祥地密切相关。重视这方面文化资源的发掘、传承和弘扬,对广州培育世界文化名城、走新型城市化道路有重要的意义。下面,谈我对这个问题的三点认识:

第一,广州作为中国古代"海上丝绸之路"的发祥地,是世界海上交通史上唯一具有两千多年历史的大港口。最早详细记载"海上丝绸之路"航线的是著名的《汉书·地理志》。据记载,这条航线始于西汉初年,是汉武帝时期开辟的航线。后来几经发展，到了唐宋时期已有好几条航线，这些航线的起点都集中在广州。其中最著名的一条航线叫"广州通海夷道"，从广州起航，越南海、印度洋、波斯湾、东非和欧洲，途经一百多个国家和地区，全长共 14000 多公里，是当时世界上最长的国际航线。从此，广州成为当时闻名全世界的对外贸易第一大港、世界东方大港。唐代著名诗人刘禹锡就曾为当时珠江繁荣壮观的贸易景象所感动，赋诗曰："连天浪静长鲸息，映日帆多宝舶来。"到明清两代，由于统治者实行"海禁"政策，只留下广州这一通海航道，广州成为中国"海上丝绸之路"唯一对外贸易的大港。那时，从广州启航的航线增至七条，抵达世界七大洲 160 多个国家和地区，这种情况一直延续到鸦片战争前夕。

第二，"海上丝绸之路"为广州留下了许多文物和史迹，积累了丰富多样的历史文化资源。例如南越王墓出土海外文物品中 2000 多年前的非洲象牙和波斯银盒；又如建于隋开皇十四年（594）的南海神庙，是古代扬帆出海前要祭拜的海神庙，历代皇帝都派人来此祭海；还有建于唐代的怀圣寺与光塔寺，是古代阿拉伯人来广州经商的重要遗址，相传唐宋时期这里是盛极一时的"蕃坊"……所有这些，都是广州文化的宝贵财富。

第三，广州历史上的"海上丝绸之路"，既是一条海上对外贸易之路，也是一条中外文化交流之路。这与广州开放型的人文环境、与广州人一直具有的开放意识密切相关。从人文环境看，作为"海上丝绸之路"的发祥地，传统文化与海洋文化很早就在这里对接、交汇。所以广州的历史文化中，有明显的海洋文化基因。而海洋文化是开放型的，具有开放性，多元性的特点。正是古代"海上丝绸之路"在广州地区的开拓与发展，本土文化在此间与外来文化长期交流、碰撞、融合的过程中，实现了国际元素与本土元素的混合，形成了广州开放兼容、多元共生的人文环境。

以宗教为例，广州很早就有外来的宗教传入。在现在的老城区，海珠路东西方向500米范围内，由北至南依次分布有佛教的六榕寺、光孝寺，基督教的光孝堂，伊斯兰教的光塔寺、濠畔寺，天主教的石室等，共同构筑了广州地区的和谐多元的人文环境。这种多元共生的融合性，正如有学者所说，是领先全国许多省区的。

海洋文化的开放性和多元化，以及海上发达的商贸环境，孕育了这一地域人们活跃的思想和开放型思维，特别是改革开放以来，广州人对外来新技术、新观念，只要合适可用，都是来之不拒。这对广州地区在文化交流上一直处于前沿，起很大的作用。

现在广州要建设世界文化名城，走新型城市化发展道路，如何凸显自己城市文化特色，提升城市核心竞争力，应是其中的一个重要问题。广州作为拥有2200多年建城史的历史文化名城、古代"海上丝绸之路"的发祥地，以及由此而形成的具有海洋文化基因的开放性、多元化的人文环境、人文精神特色，特别是其在与不同文化交流中，立足本土、对接国际，不断壮大、发展自己的文化传统，是国内外其他许多名城少见的。而且这一传统渗透到广州的方方面面，其影响，从时间上看是绵长的，从空间上看是广阔的，可以说，在某种程度上它已经成为本地域文化"根"性的基因。所以重视传承弘扬这一优秀文化传统，在实现新型城市化的过程中，对彰显广州文化特色、促进广州文化名城建设将起着积极的推动作用。

从城乡连续体到城乡一体化

陈春声

中山大学党委常务副书记、副校长

各位领导,各位专家!

我是今天最后一位发言的,从早上就开始想,到底要讲什么东西,大家才不会打瞌睡。我想,就看图说话吧,让大家看看广州的旧照片,也许这样比较不容易睡着。只有图片还不行,得找一个题目出来,这个题目就叫做"从城乡连续体到城乡一体化"。

当我们讲城市化的时候,当然就会想到这是一个从乡村演变为城市的过程,既然这样,除了城市之外,当然就还有另一个相对应的东西,那就是乡村。我们这些学历史的人,也就会由此去思索历史上中国的城乡关系是怎样的。

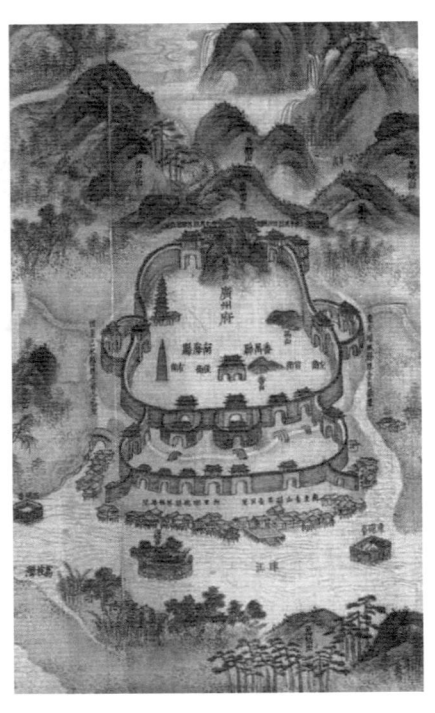

研究中国社会史的学者，特别是研究中国城市史的人都知道，学术界多年来常常用"城乡连续体"这样一个概念来描述中国传统的城市与乡村的关系。意思是说，中国传统城市与欧洲的城市不一样，我们的城市中保留了大量乡村的传统，包括乡村的景观、乡村的习惯、乡村的人际关系、乡村的生活方式和乡村的文化特质，等等。中国传统城市的市民，常常是以乡村的方式在城市生活。

图一

这是清朝时 17 世纪的画面，当时的画家是用山水画的笔调来画广州的城市景观的（图一）。这是 18 世纪欧洲人画的广州城市的面貌（图二）。独口通商时期广州有很多外销画，留下了当时城市的样貌。看得出来，基本上当时广州就是一个跟乡村景观很接近的城市。这幅画表现的西关外面的城市景色（图三），我们看到当时城市的房子都比较矮，最高的是六榕塔。

有了照相术之后，我们看得见在越秀山明城墙下面，城市景观大概是这个样子的。当时人把乡村的生活方式移植到城市

图二

图三

图四

里面，所以在城市里面有大量与乡村一样的建筑（图四）。

其实在传统的中国城市里面，城市生活就是乡村生活的延续。在城市里面，都是这样的房子，而且可能还有菜地和田园，也有类似乡村社会的组织。传统的社会精英，他们可能在人生的某个阶段住在城市里面，但他们文化和生命的根常常是在乡村。很多人到城市里面读书、经商、做官，不过他们的人生最后的阶段，还是回到自己的乡下。

王士祯的《广州竹枝词》写道："潮来濠畔接江波，鱼藻门边净缔罗。两岸画栏江照水，疍船争唱木鱼歌。"黄节的《游荔枝湾》又写道："东去珠江水复西，江波无改旧西堤。画船士女亲操楫，晚粥鱼虾细继饘。出树乱禽忘雨后，到篷残日与桥齐。重来三月湾头路，蔽海遮天绿尚低。"这是十八九世纪

图五

广州诗人所描述的城市生活面貌（图五）。当年保留了很多这一类的诗词，我们看得到，他们描述下来的城市景观和城市生活是乡村生活的延续。

所以社会史的研究者一直用"城乡连续体"的概念来描述中国传统的城市生活。当然，那时的城市生活与现代城市生活有很多不一样，我们不要把它想象成文人笔调描写的那样美好。为什么没有人希望回到传统的乡村生活，而期待现代的城市生活，当然有他的理由。譬如说在传统时候，出行没有汽车，照明没有电灯，夏天有很多蚊子咬人，还没有空调，等等。当然，那样的时代更不会有社会保障体系，也没有公共医疗制度，人的平均寿命只有三十多岁。

就是在这样的基础上，开始出现了近代化。广州在整个中国近代化的过程中有重要的地位，这个城市创造了很多重要的城市制度，创造了新的城市生活。我们来看广州近代化之后的

图六

城市景观，这是广汉路，就是现在的北京路（图六），可以看到当时已经有电了。广州在城市化的过程中，发生了一系列的变化。当然，我们对未来的城市更加充满着憧憬。

现在我们经常批评各种各样的城市病，对城市的生活还是不满足，觉得目前的生活还是不能够让人们充分感到幸福。但回顾历史，想想先辈经历的过去，我们就能感受到城市给我们带来了太多的好处，而我们正在享受这些好处。我今天早上在这个会场就一直享受城市化的好处。

现在我们都在谈新型城市化。新型城市化中有一个非常重要的理念，就是"城乡一体化"。今天听大家讲城乡一体化，似乎更关注的是农民工进城带给我们的很多挑战，似乎有许多让城里人为难的地方。这些当然是有道理的。不过，我还是想说，从我们多年研究的乡村历史传统来看，中国传统的乡村其

图七

实也为我们的城市生活提供了多方面的有价值的东西。

这张照片展现的是猎德村的村民在摆宴席的场景（图七）。猎德村作为城中村被改造之后，出现了这样的景象。据我所知，国际上差不多所有最好的大学都有人类学家来广州观察猎德村，有多个国际合作的人类学、社会学团队，在研究这一类他们觉得在一个现代城市里面很特别的东西。当然，许多国内的专家对猎德村新修的楼房有很多意见，但在一个最现代的都市里面，这样的乡村传统给我们提供了什么呢？乡村传统为都市生活提供了有中国特色（包括有岭南特色）的各种各样、丰富多彩的人际网络和社交关系。今天下午有一位心理学家告诉我们，社交关系是对人们的幸福感特别重要的东西。这是黄埔村的照片，这是乡村传统为现代都市生活提供文化生活多样性可能的另外一个好的样本（图八）。

图八

　　我们在乡村里面可以看到文化的多样性，而在现代城市生活常常千城一面。特别是经过 30 多年的发展，我们到西北的某一个城市，那种感觉常常跟在上海的南京路差不多。这就是现代城市的单一性。乡村提供了文化多元性的来源，为城市提供了其地方特色的文化来源，也提供了各种各样的物质性或非物质文化遗产。这些我们是要好好珍惜的。

　　当然，乡村还提供各种生态、各种景观的来源。我们希望让居住环境变得舒服起来。人是很奇怪的动物，我们住在公寓房里面，但是喜欢这些带着乡村景色的漂亮的房子、漂亮的景观。我们常常人为地在现代都市里构建传统的乡村景观，现代市民就是喜欢这样的东西。

　　乡村还给我们提供关于这个城市的历史记忆。我们都知道，一个有历史记忆的城市，市民才真正对城市有认同感。乡村的故事、乡村的景观，甚至乡村的气味，对于居住在城市的人们保持其历史和文化记忆，都是非常难得的。

我们谈新型城市化，自然会讲到城乡一体化。在这个时候，不能仅仅把城乡一体化理解成怎么样让农民工过上城市人的生活，怎么让农民工享受城市所提供的养老、医疗、教育等各种福利制度。除了这些之外，还要珍惜祖先所留下来的带有乡村特色的各种文化传统和文化特质。乡村文化传统会让我们的生活变得舒服起来，舒服其实就是某种满足和幸福。幸福也是很奇怪的东西，所谓幸福，在本质上就是对人性的特点（或是人性的弱点）的理解、尊重和迁就。具有上千年历史的乡村生活传统，其实很好地尊重和迁就了这些特点，结果就让人的生活有某种舒服的感觉。

坚持和创新新型城市化发展道路

万庆良

中共广州市委书记

尊敬的王伟光院长,尊敬的王卫民主任,尊敬的郑德涛书记,尊敬的许宁生校长,尊敬的各位领导、各位专家,同志们,朋友们,大家下午好!2012广州论坛·新型城市化发展高峰论坛,在大家的共同努力下,顺利完成各项议程,即将圆满结束。在这里受王院长、王主任、郑书记、许校长、陈市长的委托,我代表主办单位,对这次论坛做一个简单的小结,另外也是借这个机会向各位专家学者汇报我们广州新型城市化方面的有关情况。

这次论坛引起了广泛关注和强烈共鸣,今天上午七位海内外著名专家进行精彩的主题演讲,下午围绕"城乡一体与生态城市建设"、"创新发展与智慧城市建设"、"城市治理与幸福广州建设"、"文化引领与世界文化名城培育"四个主题开展了深入研讨,刚才五位专家又进行精彩演讲。参加本次论坛的各位专家、学者的发言立意高远、视野开阔、火花闪烁、亮点纷呈,是一次新理念、新知识的思想盛宴,让我们享受了一次新知识、新路径的精神洗礼。一是主题"实"。论坛紧紧围绕新型城市化发展主题,紧跟世界城市发展潮流,紧扣国家和省的战略部署,紧贴广州发展实际。二是规格"高"。论坛由中国社会科学院、国务院参事室、中山大学、广州市四家共同主办。与会人员既有国内顶级专家,也有海外理论权威;既有国家重大发展战略的"智囊团"成员,也有深入研究城市发展的著名学者。三是观点"新"。各位专家学者放眼世界潮流,畅想广州未来,汇聚了国内外先进城市发展的最新观点、最新理念。这既是一次最新理论、最新观点、最新知识的思想盛宴,也是一次集体的交流,集体智慧的思想盛宴。我坚信,这次论坛成果必将对广州新型城市化发展产生重大而深远的影响,我们将把这次专家学者的智慧和思想吸收到我们正在研究修订、即将出台的广州新型城市化发展道路的1+15的系列文件中。在此,我谨代表中共广州市委,向为论坛成功举办贡献力量的中国社会科学院、国务院参事室、中山大学,向热情支持参与论坛的专家学者表示衷心的感谢!

借这个好机会,我简要向大家汇报一下广州走新型城市化发展道路的有关情况。根据市第十次党代会的决定和部署,今年2月到8月市委、市政府用半年的时间组织全市上下围绕新型城市化发展的目标、问题和对策,进行了新型城市化发展学习、培训、考察和调研。我们发动全市上下掀起了头脑风暴，对影响和制约广州科学发展的问题进行集体反思，对新型城市化发展系列文件进行集体创作，特别是我们借助专家学者的智慧和思想，进一步提升了思想的"天花板"，明确了工作的"坐标系"，强化了发展的"总开关"，在广州新型城市化发展"为什么、是什么、怎么走"三个基本问题上迈出了坚实的步伐。

围绕为什么，我们坚持问题导向，深入分析广州城市发展的阶段性特征，学习、把握世界城市发展的基本规律，进一步凝聚了推进新型城市化发展的强烈共识。也就是说广州提出要走新型城市化发展道路，我们形成这几个方面的共识，首先推进新型城市化发展，是巩固党的执政基础、提升党领导城市工作能力的历史责任。新中国成立前夕，毛泽东主席提出从西柏坡出发"进京赶考"，号召全党把工作重心从农村转向城市，这是我们党执政使命的一次重大转折。正是按照毛主席的指示，我们党系统谋划城市接管、治理的一系列重大问题，使新中国在百废待兴中迅速完成医治战争创伤、恢复国民经济的艰巨任务。应该说，1949年的"进城"是成功的，这种历史经验值得我们今天认真温习、好好发扬。当前，中国城市人口超过50%，广州城市人口超过80%。在这种新形势下，重温毛主席"进京赶考"的思想就格外重要。广州作为改革开放前沿地，必须唤起强烈的城市意识，增强高度的城市自觉，承担起探路闯关的历史责任，为我们党在城市化背景下提升执政能力当先锋、做表率。

推进新型城市化发展，是遵循城市发展规律、破除"增长停滞魔咒"和避免"中等收入陷阱"的基本路径。世界城市发展规律显示,当城市发展到一定阶段,就面临着"增长停滞魔咒"和"中等收入陷阱"的挑战。亚洲"四小龙"和日本,在经过一段时期高速增长之后,渐渐陷入了增长迟缓乃至停滞的泥潭;拉美新兴市场国家在人均GDP达到中等水平后,一直受困于陷阱效应而不能自拔。最近一些穆斯林国家爆发革命,引发阿拉伯世界的多米诺骨牌效应,改变了地缘政治的格局。所有这些都告诉我们,城市对执政党来说至关重要,会不会出现影响大局的重大问题,更多的是发生在城市。前车之覆,后车之鉴。广州经过多年的高速发展,也积累了一系列躲不开、绕不过的困难和问题。走新型城市化发展道路,需要我们及时的调整发展战略和发展思路、创新发展举措、开辟发展新路,跳出"魔咒"和"陷阱"的怪圈。

推进新型城市化发展,是探索特大型城市科学发展新路的创新实践。科学发展是当代中国的主题。由于各地在地理位置、资源禀赋、经济基础、社会结构等方面存在较大区别,科学发展的具体实践必然会表现出一定的差异性。广州有2220多年历史,目前实际管理人口超过1600万人。在这样的特大型城市,如何贯彻落实科学发展观,更好地坚持以人为本、实现全面协调可持续发展,是广州面临的重大战略任务。我们提出走新型城市化发展道路,就是要通过创新实践、摸索路子,探索特大型城市科学发展的新路子。

推进新型城市化发展,是我们落实国家和省对广州发展战略定位的迫切需要。国务院批准的《珠江三角洲地区改革发展规划纲要》赋予广州"国家中心城市"的战略定位,将广州发展上升到国家战略高度。中共中央政治局委员、广东省委书记汪洋要求广州把新型城市化作为统领各项工作的总抓手，省第十一次党代会明确提出把新型城市化作为促进工业化、信息化、市场化和国际化的重要抓手。广州怎么办？要落实国家和省的定位，必须走新型城市化发展道路，来落实和完成中央和省对广州的战略定位。

推进新型城市化发展，是解决广州"成长中的烦恼"和"成功后的困惑"的必然选择。现在的广州，城市规模、经济总量、经济基础、服务功能等都迈上了新台阶，具体数据我就不说了。但是也伴随着资源约束趋紧、公共服务不均、城乡二元分割、文化特色弱化、社会服务管理滞后等"成长中的烦恼"，这些烦恼都出现在我们的面前。同时，在成功举办"两个亚运"、顺利创建全国文明城市之后，也面临着实现自我超越、追求未来发展高度，摆脱"成功后的困惑"的考验。走新型城市化发展道路，就是要破除传统城市发展的路径依赖，解决好"成长中的烦恼"和"成功后的困惑"，以更加积极、更加主动的姿态投入到日趋激烈、百舸争流的城市竞争，进一步全面提升广州城市发展质量。

这是我们为什么要走新型城市化发展道路。

那么新型城市化的内涵是什么呢？我们通过开展专题理论学习和理论务虚，强化理论学习、深化理性思考、增强战略思维，立足在继承中创新、在创新中发展，对广州新型城市化发展的科学内涵进一步予以明晰。我们理解，推进广州新型城市化发展，重点要突出"六个新"：

一是新理念。就是坚持低碳经济、智慧城市、幸福生活三位一体的城市发展理念。低碳经济是城市发展的物质基础，智慧城市是城市发展的重要动力，幸福生活是城市发展的终极目标，三者相互联系、互相促进，贯穿于走新型城市化发展道路的创新实践。

二是新抓手。把推进战略性基础设施、战略性主导产业、战略性发展平台作为我们新型城市化发展的重要抓手，把这三个重大突破作为具体的抓手。战略性基础设施建设是增强城市综合承载力的重大举措，战略性主导产业建设是率先转型升级的根本途径，战略性发展平台建设是强化国家中心城市功能的重要支撑。

三是新动力。就是强化人才、知识，创新发展动力。科学发展的根本在创新，创新的关键在人才，人才的基础在知识。广州推进新型城市化发展，必须加速城市发展动力的更新，实现从拼汗水、拼资源、拼规模转向拼人才、拼知识、拼创新的新路子，探索城市发展动力的转型和升级。

四是新品牌。就是打造花城、绿城、水城的岭南特色生态城市品牌。"花城"展现广州独特风貌，"绿城"改善广州生态环境，"水城"提升广州城市品位。我们打造这三个品牌，主要着眼克服"千城一面"的弊端，实现现代化生态城市的目标，将低碳城市、绿色城市、田园城市、创新城市融入我们生态城市的目标之中。

五是新布局。就是坚持"一个都会区、两个新城区、三个副中心"的多中心、网络化、组团式的城市空间发展战略，坚决摒弃无序的"摊大饼"模式，优化城市功能，注重规划落地实施，推进城乡一体化发展。

六是新生活。就是顺应市民群众对幸福生活的新期待，进一步提升民生福祉，进一步倡导健康、绿色、低碳、文明的消费方式和生活方式，提高全体市民的幸福感，努力把广州建设成为人民满意的幸福城市。

这就是广州新型城市化六个新的内涵。

给大家汇报的第三个方面，就是广州新型城市化准备怎么走。我们坚持以科学发展为主题、以转型升级为主线、以民生幸福为主旨的根本取向，积极探索、谋划广州新型城市发展的具体路径。总结历史经验、展望未来趋势，我们认为，推进广州新型城市化发展，重在坚持"六个更加注重"，这就是我们的路径。

一是更加注重以人为本，坚持把民生幸福作为城市发展的最高追求，尊重人民群众在城市发展中的主体地位，依照人的需要谋划城市发展，真正做到发展为民、发展靠民、发展惠民。坚持办好民生实事，维护社会公平正义，促进人人平等获得发展机会；进一步提升市民综合素质，促进人的全面发展。

二是更加注重可持续发展，坚持把生态文明建设深刻融入和全面贯穿到经济、政治、文化、社会建设的各方面和全过程，努力实现人与自然、人与城市和谐相处。推进低碳发展，引导和发展低碳经济、低碳能源、低碳建筑、低碳交通、低碳生活；加强环境保护，构建资源节约型、环境友好型社会；打造花城绿城水城，共建共享美好绿色家园。

三是更加注重创新发展动力，坚持创新驱动发展战略，不断注入多元强劲的发展动力，最大限度激发城市发展活力。加快产业转型升级，率先建立现代产业体系；加强自主创新，增强城市核心竞争力；推进人才集聚工程，充分激发各类人才的活力；强化文化引领，增强城市文化软实力；提高开放水平，推进广州走向世界。

四是更加注重优化发展空间，按照精明增长的理念，注重强化城市功能，彰显岭南城市特色，形成多中心、组团式、网络型的集约高效城市发展格局。着力强化规划引领，集约高效统筹城乡资源；推进战略性基础设施和战略性发展平台建设，增强城市综合承载力；加强区域合作，进一步扩大广州的集聚与辐射功能。

五是更加注重城乡一体发展，推动城市基础设施向农村延伸、基本公共服务向农村覆盖、城市现代文明向农村辐射，努力实现乡村与城市交相辉映。着力加快破除城乡二元体制，推动城乡公共资源均衡配置和生产要素合理流动；强化城乡产业联动，增强第二、三产业对农业的带动作用；建设幸福社区和美丽乡村，打造城乡"幸福港湾"。

六是更加注重体制机制创新，坚持社会主义市场经济改革方向，加大重点领域和关键环节领域改革攻坚，以制度创新推动城市科学发展。着力加快政府职能转变，建设法治服务型政府；规范市场经济秩序，营造国际化法治化营商环境；创新社会治理模式，形成多元共治的良好局面。

"六个更加注重"是我们新型城市化发展的主要路径。

以上向大家汇报了为什么、是什么、怎么做，是广州新型城市化发展的基本脉络和思考。去年12月底我们召开第十次党代会，明确提出广州要坚定不移地走新型城市化发展道路，并以此做出了"12338"的决策部署，围绕建设国家中心城市、率先转型升级、建设幸福广州作为核心任务、核心目标，建设国际商贸中心和世界文化名城作为战略重点，树立低碳经济、智慧城市、幸福生活三位一体的发展理念。我们还要实施八大工程。以"12338"作为我们推进新型城市化发展的决策部署，经过今年2月到8月为期半年的学习、调研、考察，形成了1+15的文件体系，将"12338"的决策部署落实到文件，形成16个文件，目前正在修改完善中，很快就要推出了。借这个机会告诉大家，广州推进新型城市化发展，就是要按照有思想有思路、有战略有定位、有政策有抓手、有项目有措施来推进的，一句话，广州推进新型城市化不是空中楼阁、不是一句空话，而是在继承广州两千多年历史沉淀的基础上，在三十年多积累的基础上创新发展。我们推进新型城市化发展，从战略谋划到重点突破、到目标管理，我们形成一套完整的思路和体系来推进。

  以上是我的汇报。我们知道新型城市化道路对我们广州来说仅仅是刚刚起步，我们将坚定不移地走好这条道路，不动摇、不僵化、不停滞，不为一时得失所惑，不被风云变幻所扰。在此，我和建华市长，代表市委、市政府，恳请各位领导、各位专家继续关心、继续关注、继续关爱广州，为广州新型城市化发展建言谋策、鼓励鞭策。

  各位领导，各位专家，同志们，广州新型城市化发展刚刚扬帆启航，期待大家把更多思想光芒照向广州，把智慧的种子播撒广州，指导帮助广州开创城市发展的新辉煌。

  最后，再次衷心感谢全体与会领导、专家学者莅临指导！谢谢大家！

附录一

广州与世界文化名城建设：
历史、现状和未来*

郑德涛

中山大学党委书记

　　建设世界文化名城，是广州人民长久以来的夙愿。对于广州市来说，也是一项富有战略性和挑战性的长期工作。2010年，广州市再次确认了"加快建设文化强市，打造世界文化名城"的战略目标，并在未来十年城市发展规划讨论稿中，明确提出"弘扬历史文化，保护历史文化名城风貌，形成传统文化与现代文明交相辉映，具有高度包容性、多元化的世界文化名城"的愿景。这充分反映出城市领导者和规划者对当代城市文化建设重要性的深刻认识和高度重视。

---

* 2010年第一届广州论坛主题报告。

在全世界诸多的城市中，能够被广泛认可、称之为"世界文化名城"的城市屈指可数。面对全球城市化加速发展的挑战，广州作为一个拥有两千多年历史、鲜活文化特质、汇聚四面八方人群的城市，在许多方面都具备足够的潜力发展成为文化名城，但也存在着诸多的困难与挑战。

受广州市委宣传部的委托，2010年8月，中山大学组建了课题组，对广州建设世界文化名城问题展开多学科的综合研究。课题组包括了历史学、人类学、文学、社会学、经济学、公共管理、艺术设计、城市规划、景观研究等学科领域的学者，分成六个工作组进行专题研究，取得了一些重要的进展。今天，我想在这个研究项目所取得成果的基础上，就广州建设世界文化名城问题发表几点看法。

历史资源：文化名城建设的基础

城市的历史是城市文化的主要内容，一个有"文化"的城市首先应该是珍视和爱护自己独特历史文化传统，并在此基础上审视城市文化的个性和出路。

自古以来，广州都是中外文化荟萃之地，西洋物质文明和精神文明在这里汇聚，并向内地扩散，成为中华大地得风气之先的"南风窗"。因此，"广州"的意义，并不只是一个地方性的文化符号，其文化内涵远远超出作为一个行政辖区的"广州市"。

西汉南越王的宫署和墓室遗址，留下不少古代本土文化与中原以及西亚和中东商业与文化交流的遗痕。唐宋时期留存下来的光孝寺、清真寺、清真先贤古墓、南海神庙以及广州城内的种种遗迹，展示了广州在古代商业贸易和宗教文化交流的中心地位，见证了中外商民创造广州文明的历史。从宋至清，广州作为"省城"的行政与文化核心性更为突出，中国的士大夫文化主导了广州的精神，在清朝道光年间，学术重镇——学海堂的建立，标志着广州学术文化的进一步繁荣。清代中叶以来，广州进一步成为了将中国中心的朝贡体系与欧洲中心的世界贸易体系连接起来的贸易中心，从事中外贸易的商人，集中在"十三行"和"夷馆"所在的西关地区，及其对岸的"河南"和"花地"。我们今天笼统称为"西关大屋"、"骑楼建筑"和洋楼等的各式民宅，就是在这个时候发展起来的，商人群体中西融合的精致的生活和消费方式得到了社会各阶层的广泛推崇和追捧，其代表的文化所发挥的辐射作用不可小觑。

语言，则是历史文化传统另一个鲜活的重要载体。以粤语为主要的口头表达和传播工具的广州文化，随着明清以来大量粤籍人口的迁移与流动，得以跨越地域，辐射到澳门、香港、东南亚和北美各地。如果中文的"广州"总给人狭义的广州城或广州地区的印象的话，英文"Canton"衍生的"Cantonese"（粤人、粤语、讲粤语的广东人）则更具有时间和空间的流动性，成为离散各地却又往往强烈认同以广义的广州为中心的广东文化的自我标记。

在城市格局上，值得特别指出的是，广州城市变迁和文化辐射能力与整个珠江三角洲地区的水上生活和海洋文明息息相关。由河涌、江道、港湾到海洋，几千年来广州始终与更广阔的海洋世界连接在一起。在城市空间上，当前广州形成的以中山纪念堂为中心的"商业行政轴"、以珠江新城为中心的"金融商务轴"和以科学城、大学城为中心的"科技生态轴"的空间格局,恰与传统时代广州以珠江沿线为中心的城市发展过程不谋而合。这在中国城市史上也是仅见的。

可以说,广州迈出世界文化名城建设的第一步,实际上就是如何保护和彰显上述由于历史积淀而形成的城市文化个性。

当代文化:文化名城的现代建构

我们应该看到,历史文化积淀为广州成为世界文化名城提供了基础,但就城市的文化形象、城市传播和生产当代文化的功能而言,广州距离世界文化名城的期待,仍有相当的距离。从经济总量上来看,广州已经成为排名中国第三的大都市;但是从文化上来看,广州仍然是一个以地域文化为主导的地区性城市。如何从一个地域性文化城市上升为一个国际性的文化中心城市,获得相匹配的文化地位,是广州制定未来的城市文化发展战略的重要任务。

在文化层面,世界文化名城的概念非常宽泛,难以套用各种各样的经济指标加以衡量,但从各国著名城市当代文化建设的经验看,我们认为,如下的文化特点或文化标准是有参考价值的:

——拥有著名的文化机构,例如著名的博物馆、艺术馆、歌剧院、电影中心等。同时存在鲜活的文化场景或有影响力的文化事件,包括电影节、音乐节、甚至是丰富的夜生活、街头表演,等等;

——拥有具有国际影响力的媒体；

——拥有强大的运动社区，历史上拥有举办国际运动赛事的经验；

——拥有世界知名的教育机构，如大学及研究机构；

——拥有重要历史和文化意义的世界遗址或文化遗产；

——拥有发达的旅游及相关产业，对外来访问者高度友好；

——常常成为艺术、媒体、电视、电影、游戏、音乐和文学等表现的场所和主题；

——具有"榜样效应"，经常成为历史参照、范例……

这些特点往往成为人们衡量一个城市的文化重要性约定俗成的标准。广州力求成为世界文化名城，本质上也是追求在国际化和全球化体系中占据重要位置。广州的城市文化战略理应包含上述文化特点的追求，确定以哪一类型城市的作为比较明确参照系。也就是说，除了要"弘扬历史文化，保护历史文化名城风貌"外，还要有与全球化文化语境有效对话、发展和建设当代文化的机制。

参照上述世界文化名城的文化特点，广州在包括本土文化传统（如各式各样的建筑、遗址和非物质文化遗产）、文化设施（如广东美术馆、广州大剧院、广州塔等标志性文化场所）、有影响力的媒体（如南方报业集团等）、国际赛事经验（如刚刚成功举办的亚运会）等许多方面，都具有足够的潜力跻身"世界文化名城"之列。以更宽广的世界为舞台去拟定广州的当代文化战略和发展思路，应该是这一轮城市文化建设的重中之重。

在此基础上，创造国际性的文化事件，使广州成为国际文化大事件的"发生地"，是有效推进城市当代文化建设的途径之一。一个城市要成为当代国际文化中心，常常具有如下三个基本特征：自由流动环境中大量优秀的创造性人才的聚集、重要文化事件高频度发生、各种文化产业繁荣发达。我们认为，就现阶段的广州来说，要提升城市的文化地位，第二个条件——文化大事件的发生可能是一个关键的因素，也是一个最可操持的条件。有了文化事件的发生，可以带来人才的汇聚，才能刺激文化产业链的形成。

国际文化大事件的特征之一，就是这些事件不会因为"发生地"而被地域化，反过来，有足够影响力的文化大事件能使"发生地"迈上国际文化中心城市的新台阶。例如，广东美术馆主办的"广州三年展"，就是一个很好的个案。这个展览虽然发生在广州，却并不是以广东或广州的地域文化为主题，而是以全球性问题为主题，其视野是国际的，按国际大展的模式操作，从全球范围内选择艺术家和作品，符合国际文化的基本价值取向。"广州三年展"是目前中国最成功的国际性当代艺术展会之一，使广州的文化地位得到大大提升。这充分说明，是事件的性质决定了"发生地"的地位，而不是"发生地"的地位决定事件的性质。

挑战与对策：关于文化名城建设的若干建议

要清醒地认识到，目前广州的城市文化形象，距离世界文化名城的建设目标，还有相当大的差距。我们面临的困难主要包括：

（一）**市民的文化认同感和现代市民意识有待提升。**相对于其他文化中心城市，广州市民较为讲求平实的生活，比较重视日常生活的舒适，对超越生活经验的抽象思辩相对缺乏兴趣。近三十年广州又是一个迅速扩张的城市，随着城市建设的发展，广州每年都要接受许许多多从外省的乡村地区新来的居民。城市里外来者大量聚居，多元文化并存，新移民、流动人口对这座城市的文化认同感和现代市民意识的提升，也是城市发展和城市文化建设瓶颈和难题之一。

（二）**历史文化资源需要加大保护力度**。近年来，广州市政府和有关部门对旧城历史文化遗存的保护做了大量工作。但随着城市建设快速发展，两千多年历史文化遗产还需进一步加大保护力度。

（三）**城市文化景观有待大力改善**。在广州的现代城市建设中，城市文化景观的价值尚未得到充分重视，对城市文化景观的研究控制还不能适应快速发展的城市建设热潮。

（四）**人文社会科学研究和文化艺术活动的影响力有待提高**。广州集中一批高水平的人文社会科学研究机构和文学艺术团体，也取得了许多成绩。但总的说来，在这个城市定居的人文社会科学和文学艺术领域的大师和名家、有国际影响的研究成果和文学艺术作品、广州本地文科学者对国际人文社会科学主流问题的贡献等等，还不够多，而国际一流学者对广州的关注也还是不够。

针对以上问题，我们认为，在现阶段广州城市文化建设中，可着重考虑以下的举措：

（一）**转变城市文化建设观念，明确城市文化建设目标**。

在中山大学参与编制的《广州建设文化强市和世界文化

名城规划纲要》（讨论稿）中，提出了至 2020 年广州城市文化的发展目标，即把广州建设成为具有高度文化认同的"首善之区"，文化产业跨越发展的"创意之都"，传统与现代相融汇、在国际上具有重要影响的"文化之城"和尊重创造、鼓励创新、人才辈出、人尽其才的优秀文化人才的"汇聚之地"。我们相信，这些有针对性的近期目标的提出，对于未来广州城市的文化发展，也是合适的。

在采取各种行政措施达致这些目标的同时，要特别重视城市文化建设观念的转变。一方面，要强调从人类文明发展的脉络出发，重新认识和定位广州的历史文化资源的价值和意义，走出只局限于中国文明或中外文化交流的视野来定义广州文化传统的局限。另一方面，要更清楚地强调坚持本土立场，各种文化建设都应尽力在以我为主的范畴下发展，目前出现大量挪用非本地知识和概念来取代本土的概念和知识体系的做法，是不足取的。尤其是各种艺术节、文化节的策划，尽量不要盲目模仿和借用非本土的知识。

（二）潜移默化培养市民的文化认同感和现代公民意识。

一个中心城市的文化品位，往往是通过日常生活中普通市民的言谈举止来表达的。也正因为如此，通过城市文化建设，潜移默化地开展公民教育和人文教育，夯实软实力基础，对于广州这样的中心城市来说，尤为必要。要让市民通过城市文化环境的熏陶，逐步成为珍惜城市的文化传统、自觉遵守现代城市生活规则、更加全面发展的文明都市人。

在城市文化建设过程中，本地居民的认同感和参与度至关重要。"广州"作为一个整体的、广义的社区，有其久远的历史基础；广义的"广州人"的身份，也得到许多世世代代生活在广州的居民的认同。要让广州成为本地人的骄傲，必须整体地保住她的生命与性格，让历史与记忆存留于城市的空间和时间之中，才能让广州成为一个对本地人有意义的，在世界上有声誉的历史文化名城。为此，通过博物馆教育、广州乡土历史文化教科书的编写、城市文化夏令营等活动来培养民众的历史文化认同，推动面向市民与社区的非物质文化遗产发展计划等，都是值得推广的成功经验。

（三）**重视对城市"文化空间"的保育。**

"文化空间"是指城市居民聚集并发生诸多文化交流的活动的地方。广州旧城区如越秀区、荔湾区是展现"传统与当代并存"的最佳场所，尤其是荔湾区自清中叶以来逐渐形成的商住格局，款式各异的西关民居，以石板铺砌的大街小巷，不但是重要的物质文化遗产，这些物质建筑更是支撑非物质文化遗产，即本地人认同的日常衣食住行的生活方式的重要基础。这种历史悠久的街区文化一旦遭到破坏，作为文化的主体的人一旦离散，赖以生存的文化便失去土壤。在既有的城区、街区和乡村的基础上，应以活的社区为单位，尊重居民的主观认同，更加注重对"文化空间"的理解与发掘，更加注重社区间的文化传播与交流。

（四）**提高城市建设中与百姓日常生活贴近的文化设施的品位，建设一个亲民的世界文化名城。**

世界文化名城的文化规划和文化设施建设，除了不可或缺的博物馆、图书馆、歌剧院、电视塔这些宏伟建筑之外，在城市的日常生活中，在与百姓衣食住行息息相关的细节中，也应该展现出一个文化名城应有的文化品位。比如，让我们的城市有更多的绿地、更多更好的社区小图书馆、更多的粤剧粤曲活动场所、更便捷的无线上网环境、更多的咖啡厅、更多的名人故居等文化场点，等等。欧美国家许多所谓"世界文化名城"的文化品位，其实是这样看似无心，实则有意识地通过这些亲民的细节营造出来的。

在这个过程中，要充分重视微观环境和景观的布局，更多从人的日常生活体验、感受和社区意识培育的角度去做文化保育和环境营造，尤其是要重视在城市改造和建设中的细节。

在城中村改造中，也要尽量充分挖掘城中村的传统文化资源。在这一点上，建设珠江新城的过程中对猎德村的处理，是体现传统与当代、城市与乡村并存的较佳个案。

还要提到的一点是，在建设大型博物馆的同时，也要重视建设传统的小型和专题博物馆。对于广州市来说，尤其不可忽视越秀山上的镇海楼，这是中国唯一现存的古代名楼，其文化象征意义也是极为独特的。又如，中山大学校园内有许多独具特色的各类博物馆，若能通过校市合作的方式，让这些博物馆进入到城市博物馆系统中，让这些珍贵的文化资源成为城市文化设施的有机组成部分，成为城市文化名片的重要内容，相信对于广州文化名城的建设，也会有所裨益。

（五）吸引更多的卓越人才定居广州，使广州成为学者和文化人"最适宜生活"的城市。

从某种意义上说，一个城市拥有多少卓越的学者、科学家、文学家和艺术家，反映了这座城市的文化底蕴和文化软实力。20世纪前半期，中国自然科学界、社会科学界和文学艺术界的许多人才，如梁启超、鲁迅、傅斯年，以及新中国成立后的陈寅恪等，都有在广州工作和生活的经历，为国家开创了现代学术的新气象和新纪元。时至今日，我们仍然以此为荣。这些卓越的科学家、学者和文化人身上，寄托了我们的社会对民族文化精神传承的希望，他们的学术、思想和生活，从某种意义上讲，就是文化精神活着的榜样。

然而，目前广州拥有的标志性的大师级人物还不够多。部分原因可能是与世界上著名的文化中心比较，我们在营造能够吸引卓越人才的软的文化环境方面，还有许多要做的事情：不仅要为他们提供优厚的工作和生活待遇，更重要的是，要努力营造让他们觉得舒适、宽松、资讯丰富、富有挑战性、便于进行思想碰撞的软环境。

（六）重新塑造和阐释城市文化景观。

城市文化景观包括具有环境特色和时代烙印的各种物质景观形态，也包括传承和创新城市精神的非物质文化内容，它不但具有深层的文化含义，包含着特定的社会感情和文化意识，而且具有更为独特的美的形式。城市公共景观往往直接构成城市人群以及外来者对城市的主要印象。对广州而言，在典型景观的建设中，特别需要关注广州城市色彩与建筑风貌景观形象、广州历史文化景观建设和广州现代特色文化空间建设，重新诠释广州的城市景观，并赋予它新的意义。

（七）处理好"千年商都"与"文化名城"的关系。

对于一个城市来说，商业贸易与文化是一个互动过程。城市文化是建立在商业活动基础上的，但是快速的城市成长也需要有兴盛的文化作为支撑。如果缺少文化环节，商业活动也可能是没有个性和缺乏吸引力的。对于广州来说，商业活动有着十分久远的文化传统，而文化传统也支持了商业活动的发展。

经过30多年的经济快速发展，广州市已基本实现了从以工业为主向以服务业为主的转型，2010年的人均GDP预计达到1.5万美元。特别在成功举办了第16届亚运、亚残运会之后，广州的经济发展与文化建设都站在了一个新的、更高的起点上。在这种情况下，需要避免两种发展中的偏向，一是把两者割裂开来，要么就文化谈文化，忽视商业贸易的作用；要么，在讨论商业发展中对文化活动视而不见。二是把两者排顺序，先发展什么、后发展什么等。虽然文化是建立在商业活动基础上的，但是，文化会使商业活动个性化和多样化。两者互补才能支撑城市活力的可持续。

但在实际的运作过程中，又要避免所谓"文化搭台，经济唱戏"的老路。以艺术区的发展为例，要注意正确区分艺术区与文化创意产业园区。过于急切地试图以规划来"孵化"艺术区，将艺术与商业开发捆绑，结果是妨碍了艺术区的成长，商业开发也没有得到长远发展。也就是说，应该抑制在文化领域的获利冲动，避免过于急切地将初现规模的艺术区商业化。

成为国际文学艺术中心是文化名城建设的重要组成部分，有必要暂时性超越这种"文化—商业"的思路，重视对艺术"单纯性"的保护，在观念上区分艺术与商业，理解艺术发展的必要条件，避免商业因素显著和急切入侵文学艺术活动，才有可能真正培育广州的文化艺术活动，真正成为现代文学艺术中心。

（八）要重视大学对于世界文化城市建设的价值。

广州集中了全省最重要的大学，包括了几十所各级各类高等院校，这是广州的优势所在。好大学的存在对一个中心城市的意义，是不言而喻的。以中山大学为例，创校以来深受广州人民厚泽，亦时刻不忘回报城市，自从 2007 年 10 月与广州市签订校市合作协议以来，双方在多方面、多个领域开展了进一步深入的合作，取得了显著的成效。大学与城市共生共荣，互为促进。好大学的存在与发展，可以为中心城市的文化建设做更多的事情。相信广州市在思考、规划城市文化建设的时候，也能考虑到如何充分利用、整合大学的文化资源。在这方面，中山大学义不容辞，信心满怀，力争为广州建设世界文化名城不断作出新的贡献。

最后，我想再次强调，务必要以世界为舞台去拟定广州的文化战略和发展思路，有必要更多地从外来访问者的视角来理解广州，定位广州，传播广州。同样至关重要的是，要充分发动和鼓励广大市民的认同和参与世界文化名城建设，让广州成为广州人的骄傲，成为一个对本地人有意义的，在世界上有声誉的历史文化名城。

附录二

广州与世界：由历史而及未来
——广州历史特质和建设世界文化名城的再思考*

郑德涛

中山大学党委书记

非常高兴与大家相聚在一年一度的广州论坛。当今世界各地有很多城市论坛，其主旨也是五彩斑斓，而广州论坛的主旨一直鲜明地体现了关于未来城市发展的愿景。展望广州的未来，我们更加珍视她的历史。近年来，我们的城市领导者和规划者从当代城市文化建设的高度，提出了建设世界文化名城的战略目标，激发了我们对于广州历史特质和未来文化发展的再思考。基于这个背景，今年的论坛主题"广州与世界"，就是一个回顾历史、立足城市、面向世界、思考未来的课题。

---

* 2011年第二届广州论坛主题报告。

受广州市委宣传部的委托，中山大学组建了"广州与世界"课题组，聚集多学科的优秀学者进行专题研究，取得了一些重要的进展。今天，我在本课题组成果的基础上，从若干方面谈谈对"广州与世界"这一课题的理解。

南中国海与世界

在广州城市的历史记忆里，世界是和海洋联系在一起的。早在唐代，诗人高适就用"海对羊城阔"的诗句来形容广州。两千多年来，广州作为南中国海最重要的港口城市，有着十分便利的海上交通条件。由广州出发的南海航线，从先秦到明清，由近及远，逐渐延伸，促使广州与诸多世界名城都建立了丰富多彩的经济文化关系。两千年间，马来人、印度人、阿拉伯人和西洋人扮演着重要角色，先后登上广州海岸，影响和塑造着广州独特的社会文化，并透过广州口岸向内地辐射，影响了中国的经济发展和社会变化。广州所面对的世界越来越广大，贸易形式和内容日益复杂，成为中华大地得风气之先的"南风窗"，其文化形态亦日渐呈现出不同于内地城市的海洋文化特点。

广州与环南中国海人文网络之发展，不仅由于活跃的南海贸易，还在于宗教文化的交流。世界三大宗教——佛教、伊斯兰教和基督教，历史上都曾循海路而来，以广州为其"西来初地"，使广州成为世界宗教发展史上地位非常重要的城市。譬如印度佛教就经南海道传入中国，印度人心中的"广州"就代表着"中国"。随着唐代"广州通海夷道"逐渐发展并稳定下来，广州成为当时中国境内最大的穆斯林聚居地。新航路开辟之后，西方天主教、新教传教士与商人依次东来，在广州发行报刊、编撰字典、印刷书籍、创办新式学堂，对广州城市文化产生了颇为深远的影响。

19世纪末以来，"省港澳"一词风行一时，"港"、"澳"二词大抵不会引起什么误解，而"省"指的是"省城"，也就是广州。历史上无法割舍的渊源使得三个城市的联系总是血浓于水，不仅政治经济互助互补，在城市景观文化有诸多类同，在人情风俗上更是直接连通，人民往来流动十分频繁，形成了一体又分立、共存共生的网络格局。

近两百年来广府人走向南海，形成环南中国海华人华侨移民圈。鸦片战争以后，华人下南洋渐成高潮，从19世纪到20世纪30年代，出洋的华工约有1000万人次，其中1/3是广府籍，他们对开发东南亚当地经济做出了巨大贡献。近代以后，海外华人华侨对孙中山先生领导的民主革命鼎力支持，捐资捐物，出人出力，居功甚伟。这些对于一百年来的亚洲历史，意义非常重大。

纵观历史，南中国海对于广州城市崛起的意义，在于其为广州不断编织了一个与世界文化交流的重要网络，在不同时期联结着不同尺度的世界。以历史的眼光珍视广州与南中国海的文化网络，就能深深体会到广州充分具备世界性的传统，自古以来一直推动这座城市深入参与全球贸易与文化交流。南中国海，为广州打开了通往浩瀚世界文化之海的航路；而广州，历经两千多年雕琢演变，亦成为了环南中国区域辐射人文光芒最为璀璨的都会之星。

体制与观念革新

作为一座历史悠久的中国城市，从中古到近代，广州迎接来无数的"蕃舶"和"洋舶"，她面对的世界也越来越广阔而复杂，一次又一次最早感受到世界风云的变幻。因应不同的时代境遇，面对全球性的变局，广州始终保持充分的世界性传统，延绵至今，影响深远。归根结底，在于广州总能主动顺应世界潮流，自发促进策略、体制和观念不同程度的变革，从而实现经济、社会、文化等城市品性可持续的发展。

早在汉代，朝贡体制是中国独有的国际关系体制，作为南中国海最重要的通商口岸，广州在朝贡体制中地位显著。到了唐代，由南海出发的海外交通路线更以"广州通海夷道"之名载入史册，大量阿拉伯商人云集广州，促使广州开始了在中国对外贸易管理制度史上的最初革新。到16世纪初，随着西方商业殖民势力东来，原有的对外贸易管理体制逐渐不能适应新的情况，在明代中后期，广州率先开始了税收制度改革。1757年之后，粤海关成为清朝唯一可管理西方商人与商船的口岸海关，确立了以广州口岸为中心的所谓的"广州贸易体系"。

两千年来的广州海上贸易史，辉映着整个世界历史的基本进程，也反映出中西关系史发展的基本态势。历史上中外贸易的发展，经历了从朝贡贸易向自由贸易转变，在此过程中，广州口岸在制度、理念的创新方面首当其冲，表现出了作为世界市场核心城市和海上贸易中心城市"敢为天下先"的独特城市气质，始终努力应对着全球格局的变动。

不断创新制度和观念，关键在于有创造力的人才。在世界体系逐渐形成的过程中，广州人成为了最早走出国门、走向世界的中国人。从最初出国谋生到后来寻求救国救民的真理，广州以其独特的文化气质，孕育出康有为、詹天佑等一大批先驱人物，难怪两广总督刘坤一在《捐资生息储养洋务人材》折中，把"粤人"列为首选，把广府当成了国家建设的"人才库"。一贯善于融合中西、富于创造力的广州人，正是广州创建世界文化名城最核心的要素和最宝贵的资源。

广州主动适应世界性、积极推进体制与观念革新的历史传统和经验，在当下世界文化名城建设中显得弥足珍贵，它鼓舞着我们锐意进取，继续推动城市社会和文化的全面进步。

世界内在于文化

在世界文化名城建设中，真正凸显城市的"文化"味道，让每一个市民成为有"文化"的人，使城市的大街小巷处处弥漫"文化"的气息，体制观念的改革创新固然重要，而对不同文化观念的传承和交融，同样意义重大。实际上，一座世界文化名城的文化涵养，或者说一个城市的世界性，很大程度上取决于其对世界性文化与本土文化进行调适和创新的能力。从根本上说，世界文化名城的特质，在于将世界性内化于其文化之中。

历史上的广州，中西相会，华洋共处，其实已经创造出不少具有融合意义的物质文化和非物质文化。唐宋时期，城市中的和香人、解犀人等手工业工匠的存在，与南洋一带出产的象牙、犀角和香料的引进密不可分，而舶牙（舶来品的经纪人）

和唐帕（译人）等行业，更是口岸贸易必不可少的重要参与者。到了明清时期，口岸的新兴行业更加突出，诸如行商、买办、通事、引水等一系列为贸易服务的新兴行业应运而生，随之而来的是大量专门为西洋客商服务的服务业和手工业，这些都为广州口岸的贸易提供了便利。

广州口岸出产外销艺术品的历史非常久远，唐宋时期广州就曾经是一个出口外销瓷的基地，外销丝绸在广州口岸的外销艺术品中也占有重要的地位，外销画亦是当时非常有代表性的品种。除上述之外，广州输往西方的手工业产品，还有著名的牙雕、银器、漆器、硬木家具、折扇等，都颇具规模。这些产自广州的外销艺术品，既包含着无数广州工匠伟大的创新精神，同时也宣示着历史上广州不仅仅是一个对外贸易的口岸，这里所形成的极具特色的口岸文化，使之名副其实地成为了中西文化交流的场所。

贸易带来的文化往来，在日常生活层面最突出的例子是饮食文化的交流。以清代为例，饮食文化的交流出现了非常多的契机，新食材和新调料的引入，引起了广府人的兴趣，并且将它们与广州原有的菜式融会贯通，大大发展了粤菜文化，并深刻地影响和改变了市民生活。

早在清代中叶以后，广州相继出现了西方建筑，除了沙面一带以外，还有西堤的大钟楼、东山一带由华侨兴建的砖混洋房、以新河浦为代表的新型花园式楼房等。20世纪初，广州扩建马路，人们将西方古典建筑券廊式与广州传统建筑结构相结合，演变成为有广州特色的骑楼式建筑风格，形成了中外建筑艺术相结合的发展趋势。城市空间、城市建筑的创新，通过改变广州市民的日常生活方式，也对人们的观念更新以及城市感和城市性格的塑造产生了不小的影响。

在对外文化交往中，广州口岸还产生了不少观念上的变化，比如休闲观念的变化。19世纪的欧美，休闲观念都还算是非常新的观念，就已经被西方商人们带到了广州，例如在珠江江面上进行划艇比赛、开辟花园等，可见在这方面广州口岸确实"与世界同步"了。

在近代化的过程中，中国与世界的文化交往还体现在技术交流上，比如农作物的移植、陶瓷制造技术的改良应用，等等。除了工业技术以外，从西方引入的新事物还包括银行、保险公司等金融机构，都是首先出现在广州，再传到中国其他地区。

总而言之，可以认为，守旧与创新并行不悖，而且相得益彰，本土性和世界性之间有着诸多和谐共融、激发创新的契机。城市本身也可以是自己的改造者和重塑者。作为华南地域历史文化积淀最为深厚的城市，广州将世界性内在于本土文化的传统和条件充分而显著，在当今世界颇为剧烈的城市格局变迁中，能否进一步育熟和发扬这种秉性，将决定建设世界文化名城的前景。

在变迁的格局中奋进

沧海桑田，风云变幻。许多曾经的世界文化名城，有些因民族、政治、社会福利等问题而充满着紧张、冲突和悲观，有些面临着商业化浪潮对历史建筑和传统文化的巨大威胁，有些因自然灾害、社会动荡等原因无力挽救其濒危的文化遗产，逐渐退出了世界舞台的中心位置。从长时段的尺度上看，广州在19世纪以来变迁的国际格局中，延续了其作为南中国海重要港口城市的辉煌。我们也应看到，在近代两百年的历史中，她对于世界的重要性曾让位于上海、香港等其他东亚城市。对比那些曾经或正经历辉煌的城市，广州更需要认识到世界文化名城建设永无止境，尤须奋进。

随着世界经济文化发展重心的不断迁移，20世纪后半叶至今，国际格局的变迁给中国城市提供了新的历史机遇，广州再度成为万众瞩目的焦点之一，无论是在经济层面还是文化层面，广州都具备了足够的条件。我们完全有理由相信，在不远的未来，广州将成为一座在全球据有重要地位的世界文化名城。

改革开放30多年来，广东的经济发生了翻天覆地的变化。广东经济总量从1978年的185.85亿元到2010年的45472.83亿元，增长了将近245倍，已经超过亚洲四小龙中的新加坡、中国香港和台湾。2010年，广州GDP为10604.48亿元，占全省的23%。在城市化已经成为经济和社会发展方向的今天，城市经济也将继续发挥其中心和辐射的作用。未来的广州，依托于珠三角城市群的支持，在世界经济格局中将扮演更加重要的地位。

广州拥有国内三大机场之一的新白云机场，港口运输能力发展迅速，市域高速、快速路网建设喜人。从交通设施条件来看，广州已具备成为国际交通枢纽的能力。

广州作为全国金融业对外开放最早的地区之一，经过20多年的发展，服务范围辐射华南，与港澳乃至世界各国的金融合作不断深化，区域化、国际化特征日益明显，初步形成多层次、宽领域的对外开放格局。

广州的会展贸易相当发达,为广州、珠三角构建了与全世界的商品市场、企业沟通交流的绝佳平台。第101届"广交会"到会客商数已达206749人,与会贸易的国家和地区达200多个,成交额达到363.9亿美元。未来会展贸易仍将是广州对外贸易的重要渠道。

广州是南中国高等院校的聚集地,随着中国高等教育改革和广州高等院校的国际化,大学将承担越来越多的科研创新任务。高校与企业产学研的有效结合还会助推广州诞生若干创新型企业,推动广州成为全球创新研发基地。

广州是中国思想最开放的地区之一,广州人认为日常生活就是政治,把日常生活经营好就是最大的政治。在广州人看来,创造利润、积累财富也是政治,提高效率也是政治,公平的商业竞争也是政治,建立健康的市场秩序也是政治,凡涉及社会公众事务的,无一不是政治。广州人坚信,最大的政治,就是做好自己的事情,这种务实的良性的政治文化心态,对于我们做好每一件事情很有意义。

广州人民有着也许是大陆地区最浓厚的物权意识,由于不能随意拆迁,某种程度上城市的快速建设受限,但同样是因为不能随意拆迁,广州市就更不得不向外围和周边小城市发展,使广州成为中国"城乡差别"最小的地区之一。有了这个基础之后,广州的小企业、小商业群体形成的小商业就特别发达。小企业、小商业不仅是社会就业的主体,更是社会的生机所在。在这方面,广州比国内许多一线城市,有着良好的基础和优势。

大概正是有了普通百姓日常生活中观念上的浸淫,又有了小企业、小商业在经济上的支撑，再加上广州政界具有相当的开放性，社会舆论在广州能得到充分地发育、成长。以报业为例，今天广东公开发行的报纸有100多种，并承印国内200多种报刊，日均发行约700万份报纸。今天的《南方日报》《羊城晚报》《广州日报》《南方周末》《南方都市报》《南方农村报》等，在全国的影响力和号召力，以及在社会舆论倡导的贡献上，都是有目共睹的。

综上所述，基于对广州热切的期望和坚定的信心，对于打造广州世界文化名城，我们提出了以下几方面的建议：

——进一步扩大世界性贸易，特别是对外文化贸易，依托广州会展业的蓬勃发展，将文化产业与会展业紧密结合，把广州打造成国际创意会展中心，成为创意产品的展示与交易的中心平台，成为展示岭南文化、中华文化的窗口。

——进一步发挥体制和观念革新上的传统和优势，加强创新教育，鼓励创新精神，广开民智，广纳民意，充分发挥广州人的创造力，继承和拓展城市的个性与传统。

——进一步哺育世界性的本土文化，在本土文化基础上积极吸收世界性交往以及外来移民和流动人口带来的先进成分，为城市发展和文化昌盛提供源源不绝的动力，同时使城市文化辐射惠及周边，充分展现一座世界文化名城应有的文明水准。

结 语

广州这座已经有着两千多年历史的城市，在她的生命旅程中没有缺失过世界文化的记忆，而且在国家发展、社会稳定的良好形势下，她更加生机勃勃、胸襟开阔，吸引着世界上越来越多期待的目光。

一个城市能否成为世界瞩目的名城，关键在于对自身传统是否真切传承、对其他文化是否乐于吸收，面对历史变迁是否积极创新。除了传统的积淀、历史的机缘，更重要的是包括城市领导者在内的所有市民，必须朝着美好未来不懈地追求、正确地选择。广州所要选择的未来，应该是一种将历史文化薪火相传的城市精神，是一种对世界文化交融有所建树的城市方式，是一种给人以自由、收获和希望的和谐的城市生活。

希望在不远的将来，当朋友们来到这里，来到广州，将看到一个充满着中华历史魅力和现代创造力的文化名城，也看到一个文明的和平的开放的世界。